자본 없이
콘텐츠로 150억 번
1인창업 고수의 성공 비법

부자가 되고 싶다면
시스템이 나 대신 돈 벌게 하라

자본 없이
콘텐츠로 150억 번
1인창업 고수의
성공 비법

구세주 김도사 지음

위닝북스

부자가 되고 싶다면
시스템이 나 대신 돈 벌게 하라

"죽기 전 꼭 이루고 싶은 소원은 무엇입니까?"

대부분의 사람들은 살아생전 소원을 이루지 못한 채 삶을 마감한다. 나는 꼭 한번 가족들과 크루즈 여행을 하고 싶었다. 더 늦기 전에 일흔여섯의 어머니를 모시고 가족들과 함께 크루즈 여행을 해야겠다는 생각이 들었다. 어느 날 아내가 "어머니 모시고 크루즈 여행을 다녀오면 어떨까?"라고 물었다. 나는 곧바로 "좋은 생각이야!"라고 답했다. 그렇게 해서 2018년 3월, 14박 15일 일정의 동남아 크루즈 여행이 시작되었다.

　내가 크루즈 여행을 생각한 데는 이유가 있다. 갑작스럽게 아버지가 세상을 떠나시고 혼자가 되신 어머니와 평생 잊지 못할 추억을 만들기 위해서다. 내가 스물일곱 살 때 아버지께서 갑자기 세상을 등지셨다. 당시는 내가 작가가 되기 위해 서울에서 3년 반 동안의 고시원 생활을 청산하고 대구 교육대학교 맞은편 남문시장 근처 보증금 20만 원에 월세 17만 원짜리 자취방에서 매일같이 원고를 쓰며 지독한 가난과 미래에 대한 불안, 좌절 그리고 절망과 싸우고 있을 때였다. 4권의 책이 출간된 시점이었고 서서히 희망이 보이기 시작할 무렵이었다. 그즈음에 아버지는 갑작스럽게 세상을 떠나셨다. 준비하지 못한 이별에 가족들은 모두 당황하고 무척 고통스러워했다. 우리는 병원에서 아버지가 돌아가시는 모습을 생생하게 지켜봐야 했다.

　중학교 2학년 때였던 것으로 기억한다. 하루는

아버지께서 나의 지갑을 보시고는 "돈이 하나도 없네."라고 하시며 5,000원을 넣어 주셨다. 그때는 지갑에 돈을 넣어 주시는 아버지의 모습을 보면서 대수롭지 않게 여겼다. 그런데 살면서 가끔 힘이 들 때면 그때 아버지의 모습이 떠오른다. 내 마음 한구석을 따뜻하게 지펴 주는 모닥불 같은 추억이다.

어머니와 함께한 14박 15일 일정의 동남아 크루즈 여행은 평생 잊지 못할 추억이다. 세 살이 채 되지 않은 첫째 태양이와 태어난 지 10개월 된 둘째 승리까지 함께했기에 크루즈 여행은 내 인생 최고의 선물이 되었다. 많은 사람들이 죽기 전에 꼭 이루고 싶은 소원으로 크루즈 여행을 꼽는 이유를 알 것 같았다. 사랑하는 사람들과 거대한 크루즈를 타고 여러 나라를 경험하는 것은 쉽게 할 수 없는 것이기 때문이다.

우리가 탄 셀러브리티 밀레니엄호는 길이가 무려 300미터에 총 탑승객 수가 2,000명이 넘었다. 승무

원 수만 무려 1,000명이 넘는다. 처음 크루즈에 승선했을 때 어떤 충격에 휩싸였다. 승객 대부분이 연세가 지긋한 사람들이었기 때문이다. 50대에서 70대가 가장 많았다. 그들을 보며 이런 생각이 들었다.

'나는 더 넓은 세계를 보며 앞으로 살아갈 미래를 계획하기 위해 크루즈 여행을 왔는데 저분들은 어쩌면 그동안 살아온 삶을 돌아보며 잘 마무리하기 위해 크루즈 여행을 하는 건 아닐까!'

이런 생각이 들자 나는 순간 아직 젊다는 것이 얼마나 축복인지 알 수 있었다. 인생에서 가장 중요한 것은 '시간'이다. 인생은 시간으로 이루어져 있다. 시간이 전부이다. 시간을 잃는다면 모든 것을 잃는 것과 같다. 이러한 깨달음을 주신 하나님께 감사했다.

거대한 배 안에는 없는 것이 없었다. 공연장과 여러 개의 대형 레스토랑, 다양한 음식점, 뷔페식당, 카지노, 야외 수영장, 헬스장, 백화점… 무엇 하나 부족함이 없는 크루즈 안은 마치 천국과 같았다. 드넓은 바다 위에서 신선한 스테이크 요리와 이름을 알 수 없는 다양한 나라의 음식들과 빵과 싱싱한 과일, 채소들을 먹는다는 것은 정말 축복과 같았다.

　나는 크루즈 여행을 하는 동안 매일 2시간씩 차를 마시며 책을 읽으면서 생각에 잠기곤 했다. 이때 많은 지혜와 영감들을 얻을 수 있었다. 빛처럼 다가오는 지혜와 영감들을 놓치지 않기 위해 열심히 메모해 나갔다. 과거의 나와 같은 이들에게 구원의 열쇠가 되어 줄 것임을 믿었기 때문이다.

　나는 모든 사람들은 태어날 때 하나님으로부터 부자로 살아갈 권리를 받고 태어난다고 믿고 있다. 과거의 나는 누구보다 존재감 없는 사람이었다. 빚밖에 없었던 집안 형편, 학창시절 꼴찌였던 성적, 연로하신 부모님, 낮은 자존감에다 높은 열등감, 말더듬, 부족한 끈기와 인내력… 그럼에도 나는 책쓰기 코칭 분야에서 대한민국 1등이 되었다. 사람들은 나를 책쓰기 코칭계 '구루'라고 부른다. 내가 좋아하는 일을 하면서 많은 사람들을 성공으로 이끌자 부는 저절로 쌓이게 되었다.

우리 모두는 우주에서 가장 지혜롭고 부유한 하나님의 자녀들이다. 하나님과 나는 하나이다. 내 안에 하나님이 계시고 하나님 안에 내가 있다. 나는 위대하지만 아버지 하나님은 더 위대하다는 생각으로 살아가고 있다. 나는 어떤 일을 계획할 때 하나님과 함께 계획하고 행한다.

나는 최고의 행복감으로 크루즈 여행을 하며 가난으로 고통받는 사람들이 나처럼 부유하게 살 수 있도록 자극하고 동기부여해 주는 책을 써 내려갔다. 그렇게 해서 이 책《자본 없이 콘텐츠로 150억 번 1인창업 고수의 성공 비법》이 세상에 나오게 된 것이다.

우리가 누리는 모든 것들은 의식 세계에서 비롯되었다. 우주의 법칙, 하나님의 법칙에 의하면 평소 자신이 빈번하게 떠올리는 것들을 받게 된다. 현실이 마음에 들지 않는다면 지금부터는 자신이 원하는 것들만 생각하고 말해야 한다. 그러할 때 내가 바라는 것들이 현실에 나타나기 시작하고 삶이 개선된다.

내가 크게 성공할 수 있었던 것은 우주의 법칙을 알고 실천했기 때문이다. 우주의 법칙을 실천하면서 내가 가진 콘텐츠를 사람들에게 팔았기 때문이다. 부자가 되고 싶다면 시스템이 나 대신 돈을 벌게 해야 한다. 여러분이 갖고 있는 콘텐츠가 무엇인지 아직 찾지 못했다면 나(한국책쓰기1인창업코칭협회)를 찾아오길 바란다. 내가 여러분의 내면에 잠재되어 있는 콘텐츠를 끄집어내 주겠다. 그 콘텐츠를 갈고 닦아 반짝반짝 빛나게 만들어서 사람들에게 팔아 보라. 나처럼 경제적 자유인이 될 수 있다.

최고의 지혜서 성경에 보면 "내가 너희에게 말하노니 무엇이든지 기도하고 구하는 것은 받은 줄로 믿으라. 그리하면 너희에게 그대로 되리라."라는 말이 있다. 아직 바람이 실현되지 않았지만 이미 이루어진 것처럼 생각하고 행동하라는 뜻이다. 성공은 마치 그것이 이미 이루어진 것처럼 사는 사람들에게 주어지는 선물 같은 것이다. 나는 이 책을 읽는 모든 사람들이 자신의 소명을 깨닫고 최고의 삶을 살기를 바란다.

2020년 7월

구세주 김도사

차례

1

나는
매일 집으로
출근한다

나는 매일
집으로 출근한다

사람은 실패가 아니라 성공하기 위해 태어난다.
_헨리 데이비드 소로우

● 우리가 지구별에 온 이유

대부분의 사람들은 아침마다 콩나물시루 같은 지옥철을 타고 직장으로 출근한다. 가치가 아닌 노동 시간에 비례한 월급을 받기 위해서다. 그들은 하나같이 무표정의 좀비 같은 얼굴을 하고 있다. 행복과 거리가 먼 삶을 살고 있는 것이다.

나는 '한국책쓰기1인창업코칭협회(이하 한책협)'를 설립한 뒤로 남이 만든 회사에 출근하지 않는다. 매일

'집'으로 출근한다. 하루 8~10시간가량 푹 자고 난 뒤 고작 안방에서 집필실로 이동하는 것이 일을 하러 가기 위한 과정의 전부다. 집이 회사 겸 집필실인 것이다.

나는 집에서 책도 쓰고, 독서도 하고, 강연 자료도 만들고, 책쓰기 코칭을 받는 멘티들의 과제를 체크하기도 한다. 남들은 회사에서 잔뜩 쌓인 업무에 스트레스를 받고 있을 때, 나는 세 마리의 강아지들과 놀며 시간을 보낸다. 집 앞 탄천을 걸으며 내가 이루고 싶은 꿈과 버킷리스트에 대해 생각한다. 하루하루가 천국이고 기적이다.

우리가 지구별에 온 목적은 남이 만든 회사에서 부품처럼 일하기 위해서가 아니다. 월급 몇 푼을 받으며 청춘을 허비하기 위해서 온 것이 아니다. 내가 갖고 있는 소명을 실현하고 세상에 선한 영향력을 발휘하기 위해서 온 것이다. 자유로운 영혼으로서 열정을 쏟을 수 있는 일을 직업으로 삼고, 하고 싶은 일을 전부 하며, 좋아하는 사람들과 좋아하는 시간에 좋아하는 장소에서 좋아하는 만큼만 일을 하기 위해서다. 당신은 이 말에 '누구나 꿈같은 인생을 살 수 있는 것은 아니다. 당신이니까 가능하지!', '정말 꿈같은 소리 하고 있네!'라고 생각할지 모른다.

하지만 나 역시 1인 기업을 하기 전에는 작가로 살면서 누구보다 현실이 고달프고 불안하며 미래가 두려웠다. 100만 부 베스트셀러를 내기 위해 목숨 걸고 책을 썼고, 그 과정에서 250권이 넘는 책을 펴냈다.

그동안 듣도 보도 못한 낯선 작가들이 혜성처럼 나타나 일약 베스트셀러 작가가 되었고, 그들의 책은 수십만 부씩 팔려나갔다. 그들은 1시간 강연에 수백만 원의 강연료를 받고 연사로 활동했다.

나는 그들을 보며 자괴감에 시달렸다. 수시로 '책을 계속 써야 하나'라는 의문이 꼬리를 물고 이어졌다. 하나님께 왜 저들은 단번에 유명 작가로 만드시면서, 온갖 시련과 역경 속에서도 책쓰기를 놓지 않은 나에게는 그런 일을 허락하지 않으시는지 따지고 원망했다. 그런 나에게 하나님은 "계속 책만 쓰지 말고 네가

— 우리가 지구별에 온 목적은 남이 만든 회사에서 부품처럼 일하기 위해서가 아니다. 내가 갖고 있는 소명을 실현하고 세상에 선한 영향력을 발휘하기 위해서 온 것이다.

갖고 있는 책쓰기 노하우를 사람들에게 알려 주고 그에 상응하는 대가를 받으라."라고 말씀하셨다.

나는 하나님의 말씀대로 내가 가장 잘하고 좋아하는 일을 천직으로 삼기로 했다. 평범한 사람들에게 단기간에 책 쓰는 법을 가르쳐 주어 그들이 작가, 고치, 강연가가 되도록 돕는 메신저가 되는 것이다. 그래서 내가 가장 먼저 한 것이 네이버 카페 한책협을 개설한 일이다.

● 책이 나 대신 일하게 하라

나는 시중에 나와 있는 책쓰기 방법을 알려 주는 책들을 모두 구입해 세세하게 장단점을 분석하기 시작했다. 그러자 당시 100권의 책을 펴낸 나의 눈에 부족한 부분이 들어오기 시작했다. 작가, 코치, 강연가, 1인 기업가가 되기를 바라는 사람들은 어린 아이와 같다. 기성 작가들의 시선에서는 '이런 것도 몰라?'라고 생각되는 지극히 기본적인 부분에 대해서 세세하게 알려 줄 필요가 있다.

나는 과거에 작가가 되기 위해 책을 쓸 때의 기억들을 떠올려 내가 어떤 부분에서 가장 막연했고 힘들었는지에 대해 친절하고 자세하게 썼다. 책 한 권 분량은 A4용지로 몇 매가 되는지, 한글 문서 글자 크기는 어떻게 되는지, 서체는 무엇인지, 인용과 각색은 어떻게 해야 저작권법에 위배되지 않는지…. 이런 사소하지만 결코 사소하지 않은 부분을 고스란히 담아서 책쓰기 노하우 책을 펴냈다.

이렇게 해서 탄생한 책들이《마흔, 당신의 책을 써

라》,《생산적 책쓰기》,《이젠 책쓰기가 답이다》,《10년차 직장인, 사표 대신 책을 써라》,《1시간 만에 끝내는 책쓰기 수업》,《평범한 사람을 1개월 만에 작가로 만드는 책쓰기 특강》 등이다. 책을 읽은 전국 각지의 수많은 독자들로부터 책쓰기 코칭을 받고 싶다는 전화, 메일, 문자 메시지를 받았다. 책을 쓰고 있는 지금 이 순간에도 문의가 쇄도하고 있다.

나는 내 이름으로 회사를 설립하여 내가 잘하는 것들을 다양한 제품(저가, 중가, 고가)으로 만들어서 내 책을 읽은 독자들에게 판매하고 있다. 한책협은 저렴한 제품과 고가의 제품, 럭셔리 제품을 판매하는 백화점과 같다. 내가 판매하는 제품들은 원가를 계산해서 가격을 매기지 않고 그것에 담겨 있는 가치에 비례해 가격을 매겼다. 책 한 권에 수백만 원이지만 그동안 수백 권의 책들이 팔려 나갔다.

나는 회사를 홍보하기 위해 따로 광고를 하거나 하

지 않는다. 그동안 써 놓은 250권의 책이 나 대신 나와 회사를 홍보 및 마케팅해 주고 있기 때문이다. 나는 다른 마케팅은 하지 않고 책 마케팅을 하고 있는 셈이다.

나는 집으로 출근하는 삶이 더없이 행복하다. 더없이 소중하다. 가끔 '내가 이런 행복한 삶을 살아도 되나'라는 생각이 들 정도다. 즐거운 마음으로 다른 사람들의 성공을 도우면서 얻는 성취감은 보통 사람들은 상상도 하지 못할 만큼 크다.

직장인들은 남이 만든 회사에서 인생에서의 전부인 '시간'을 가치가 아닌 돈 몇 푼과 교환하고 있다. 이보다 비참한 일도 없다. 이들에게 결국 남는 것은 '은퇴'다. 아무도 불러 주지 않고 갈 데가 없는 신세로 인생의 끝을 기다려야 한다.

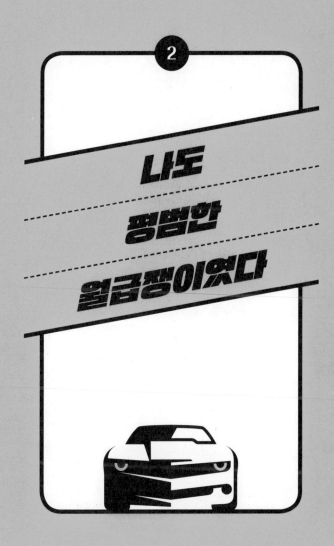

2

나도
평범한
월급쟁이였다

나도
평범한 월급쟁이였다

이 세상에 보장된 것은 아무것도 없으며 오직 기회만 있을 뿐이다.
_더글러스 맥아더

● **당신은 돈을 위해 일합니까,**

　자아실현을 위해 일합니까?

나는 하루에 1시간 일하고 보통 사람들은 상상도 못하는 수입을 올리고 있다. 내가 해외여행을 하거나 잠시 머리를 식히기 위해 극장에서 영화를 보는 중에도 내 통장에는 수입이 찍힌다. 과거에는 다음 달 월세가 걱정이 되는 극빈자였지만 지금은 월세를 받는 아파트와 상가의 주인이 되었다.

나는 사람들로부터 이런 질문을 많이 받는다.

"코치님은 살아오면서 운이 좋았나 봅니다. 부모복이 없는 저 같은 사람도 부자가 될 수 있을까요?"

"사업 수완이 뛰어나신 것 같습니다. 저도 작은 사업을 하나 하고 있지만 늘 적자에 허덕이고 있습니다. 어떻게 하면 선생님처럼 경제적으로 자유롭게 살 수 있을까요?"

나도 과거에는 평범한 월급쟁이였다. 통장에 월급이 꽂히면 사흘도 안 되어 빠져나가 버리고 생활비와 다음 달 집세를 걱정해야 했다. 버스 요금을 아끼기 위해 대여섯 정거장을 걸어 다녔고, 주식은 김치 없이 먹는 라면이 전부였다. 세 달가량 휴대전화 요금이 미납되어 수시로 통신사로부터 연락을 받아야 했으며, 휴일이면 남들은 밀린 잠을 잤지만 나는 6만 5,000원을 벌기 위해 막노동을 했다. 지금 생각해 보면 월급쟁이가 아니라 '현대판 노예'라는 표현이 적확하다. 신분 이동을 위해 죽어라고 노력하지만 절대 양반이 될 수 없는 그런 신분이었던 것이다.

땅 한 평 가지지 못한 빈농의 자식으로 태어난 나는 내 주제에 대해 잘 알았다. 사실 아무리 좋게 생각하려고 해도 나의 스펙은 형편없었다. 하지만 나는 내가 좋아하는 일에 전부를 걸기로 했다. 그것은 '시'를 쓰고 '저서'를 펴내는 일이었다. 무작정 시인이 되고, 작가가 되기 위해 6년 반 동안 서울의 고시원에 틀어박혀서 원고 집필에 몰두했다. 더 이상 열심히 할 수 없을 정도로 치열하게 원고를 썼지만 수백 군데의 출판사로부터 퇴짜를 맞아야 했다. 하지만 포기하지 않은 나의 집념은 마침내 첫 책 계약으로 이어졌다.

연고 하나 없는 서울생활에 지친 나는 고향인 대구로 내려왔다. 달서구에 위치한 〈푸른신문〉에서 직장생활을 하면서 책쓰기에 고군분투하던 가운데, 가난에 지친 아버지가 음독으로 세상을 떠나셨다. 채무자

— 성남시 분당 소재 한책협 센터에서 매달 2회 진행되는 책 쓰기 1일 특강에서 책 쓰는 법, 1인 창업 비결에 대해 강연하고 있다.

가 세상을 떠나자 수천만 원에 달하는 빚 유산이 나에게 상속되었다. 당시는 아무리 헤쳐 나와도 그 끝을 알 수 없는 칠흑 같은 어둠 속에 있는 것 같았다. 설상가상으로 몇 달 후 신문사에서도 구조조정을 당하게 되었다.

나는 몇 달간 술만 마시며 내 처지에 좌절하고 절

망했다. 죽어라고 꿈을 향해 달려왔는데 왜 나에게는 고통스러운 일만 생길까, 내 인생은 왜 좀처럼 나아지지 않는 것일까 하는 생각이 끊이지 않았다. 하지만 암울한 상황을 아무리 부모 탓, 세상 탓으로 돌려 봐야 현실은 조금도 나아지지 않았다. 오히려 바퀴벌레가 기어 다니는 자취방에 힘없이 누워 기억의 편린 속에서 또 다시 상처를 헤집는 일은 그나마 남아 있던 자존감마저 깡그리 무너뜨렸다.

그때 나를 구해 준 것이 사람들의 가슴을 뛰게 하는 동기부여가, 강연가라는 '꿈'과 비록 지금은 힘들고 고통스럽지만 곧 나의 시대가 온다는 '희망'이었다. 꺼져 있던 욕망의 불씨가 조금씩 살아나기 시작했다. 아버지가 남기신 빚을 내 힘으로 갚아야겠다는 생각과, 꼭 작가와 강연가로 성공해야겠다는 욕망이 들불처럼 활활 타오르기 시작했다. 내가 열망하고 있는 버킷리스트들을 적어서 책상과 냉장고 등 눈에 잘 띄는 곳에 붙여 두고 지갑에도 가지고 다니며 수시로 읽으며 자기 암시했다.

다음은 당시 내가 적었던 버킷리스트들이다.

- 2년 안에 빚 모두 갚기
- 작가로 성공할 때까지 고군분투하기
- 돈 절약해서 쓰기
- 우선순위 정해서 시간 절약하기
- 술친구들과 어울리지 않기
- 100권의 책을 낸 작가 되기
- 벤츠, BMW 오너 되기
- 교과서에 글이 실리는 작가 되기
- 해외 여러 나라에 저작권 수출하기
- 내 이름으로 된 아파트와 상가 가지기

나는 수시로 이 목록을 보면서 가장 중요한 것에 시간과 열정을 쏟았다. 지극히 평범한 존재였던 내가 할 수 있는 일은 오로지 치열하게 사는 것뿐이었다.

— 나의 버킷리스트에 적었던 슈퍼카 페라리 앞에서 포즈를
  취하고 있는 모습. 나는 소망을 종이에 적으면 실현된다
  는 것을 잘 알고 있다.

일주일에 한두 번 만나 술잔을 기울이며 영양가 없는
대화로 시간을 낭비하게 하는 지인들과 거리를 둠으
로써 과거와 결별했다.

● 나도 과거에는 평범한 월급쟁이에 지나지 않았다

혹독한 겨울도 시간이 지나면 봄이 오게 마련이다.

내 인생의 겨울도 서서히 지나갔고 볕이 따뜻한 봄이 찾아왔다. 내가 열망하는 것들이 하나씩 선물처럼 실현되어 갔다. 현재 내가 가진 프로필들 중 그 어떤 것도 쉽고 편하게 만들어진 것이 없다. 남들보다 100배, 1,000배 이상 노력한 결과를 가지게 된 것이다.

수십억 원의 자산을 가진 나도 과거에는 평범한 월급쟁이에 지나지 않았다. 하지만 대부분 직장생활을 하다가 가난하게 세상을 떠나는 사람들과 다른 점은 적은 시간을 일하고도 큰 수익을 올리는 방법을 알고 있다는 것이다. 내가 갖고 있는 수입 파이프라인은 10개가 넘는다. 그래서 하루에도 수시로 수입이 생긴다.

현재 나는 사람들이 가지고 있는 인생 스토리와 경험, 자신만의 해결책을 돈으로 바꾸는 비결을 알려주는 코치로 활동하고 있다. 그동안 수천 명의 인생이 달라졌고, 나를 알기 전과 비교하여 훨씬 더 나은 인생을 살고 있다.

내가 평범한 당신에게 해 줄 수 있는 말은 월급쟁

이로 살고 있는 지금이 기회라는 것이다. 당장 돈을 위해 일하기보다 자아실현을 위해 일해야 한다. 나처럼 책 쓰고, 강연하고, 코칭으로 억대 수입을 올리며 즐겁게 사는 메신저로 살아가기를 바란다.

마음속에 잠자고 있는 이상을 깨워라

—— 김도사

모든 것은 자신의 마음에 달려 있다.
가난하다고 생각하면 가난해질 것이고
불행하다고 생각하면 불행해질 것이다.
대부분의 사람들은 자신의 마음속에 잠자고 있는
이상을 깨우지 않는다.
나침반도 자석과 접촉하기 전에는
아무 방향이나 가리키던 바늘에 불과하다.
그러나 자석과 접촉한 순간부터
길을 잃은 배를 항구로 무사히 인도해 주는
힘을 지니게 된 것이다.
모든 것은 자신의 마음에 달려 있다.
행복하다고 생각하면 행복해질 것이고
풍족하다고 생각하면 풍족해질 것이다.
생각은 자석과 같아서
긍정적인 생각은 긍정적인 생각을 끌어들이고
부정적인 생각은 부정적인 생각을 끌어들인다.
자, 이제 어떤 마음을 가질 것인가

자신에게 한번 물어 보라.

믿음을 가지고 이상을 실현하기 위해 노력하라.

믿음과 이상이 있는 사람에게는

시련이나 고난은 몸을 단련시키는 운동기구와 같다.

자, 기억하고 또 기억하라.

대부분의 사람들이 인생의 위층은 거의 사용하지 않은 채

음습한 지하실에서 살아가고 있다는 것을.

3

직장은 당신을 구원할 수 없다

직장은 당신을
구원할 수 없다

성공한 사람이 될 수 있는데 왜 평범한 이에 머무르려 하는가?

_베르톨트 브레히트

● 당신은 매일 회사로 출근하는
이유를 알고 있습니까?

나는 사람들이 도살장에 끌려가는 소처럼 회사로 출근하는 이유를 알고 있다. 일용할 양식을 사고 생활에 필요한 돈을 벌기 위해서다. 월급은 매달 대학 학자금 대출금, 결혼하면서 구입했던 아파트 대출금, 자동차 할부금, 각종 카드 대금, 자녀 교육비, 각종 공과금 등으로 쓰인다. 사람들이 매일 회사로 출근하는 이유다.

나는 이런 의문이 든다.

'그동안 우리가 정규교육과정을 마치고 대학을 나온 이유가 고작 남이 만든 회사에서 일하기 위해서일까? 남의 지시를 받으며 자유를 박탈당하기 위해 미친 듯이 공부한 것일까?'

우리가 부모의 등골을 빼먹으면서까지 죽어라고 공부한 이유는 결코 남의 회사에서, 부당한 지시를 받아가며 노동 착취를 당하기 위해서가 아니다. 원하지 않는 장소에서, 마음에 들지 않는 사람들과 하기 싫은 일을 억지로 하기 위해서가 아니다.

그런데 지금 자신의 현주소를 살펴보면 현대판 노예로 전락해 있다는 것을 알 수 있다. 온갖 스트레스를 받아가며 주 5일을 일하고 주말을 쉰다. 말이 쉬는 것이지, 정확하게 말하면 다음 주 근무를 위해 에너지를 보충하는 것이다. 주말만이라도 쉬어 주지 않으면 다음 주에 제대로 일을 하지 못하기 때문이다.

30대에 자수성가한 백만장자 사업가이자 발명가인 엠제이 드마코는 자신의 책 《부의 추월차선》에서 이렇게 말한다.

"당신은 자유를 사기 위해 자유를 팔고 있다. 직장에서 돈을 벌려면 반드시 시간을 내줘야 하며, 5대 2 거래라는 끔찍한 굴레를 벗어나지 못한다. 여기서 시간이라는 단어를 인생으로 바꿔 보자. 직장에서는 돈을 벌기 위해 인생을 판다. 일을 하면 돈을 벌지만, 일하지 않으면 돈을 못 번다. 누가 이런 거머리 같은 공식을 만든 것일까?"

그렇다. 사람들은 자유를 사기 위해 직장에서 자유를 팔고 있다. 직장에서 받는 쥐꼬리만 한 월급으로는 한 달 내지 몇 개월의 자유밖에 누릴 수 없다. 사실상 직장인에게 자유란 있을 수 없다. 다달이 나가는 지출과 생활비를 벌기 위해 죽을 때까지 일을 해야만 한다. 직장인들의 이러한 모습은 '시지포스의 형벌'에 비유할 수 있다. 시지포스는 커다란 바위를 산꼭대기로 밀어 올리는 형벌을 받았다. 산꼭대기에 이르면 바위가 아래로 굴러 떨어져 다시 위로 올리는 고역을 영원히 반복해야 한다. 현대판 노예로 살아가는 직장인의 모습과 별반 다르지 않다.

● 우리는 천국에서 행복한 경험을 하기 위해 지구별로 온 영혼들이다

인생은 단 한 번뿐이다. 노예처럼 일만 하다가 가기에 우리 인생은 너무나 소중하다. 한 살이라도 젊은 나이에 '직장'이라는 노예 농장을 탈출해서 원하는 일을 해야 한다.

우리는 그동안 학교나 부모로부터 대학 졸업 후 좋은 직장에 취직해야 한다는 말을 수없이 들어왔다. 그래서 공무원이 되거나 대기업에 취직하게 되면 부모는 물론 주위 사람들로부터 축하의 말을 듣게 된다. 생각 없이 노동만 하게 되는 노예로 전락하게 된 것이지만 마치 성공하는 인생이 펼쳐지는 것인 양 착각하는 것이다. 그들은 이미 현대판 노예로 전락해서 자신이 노예인지도 모른 채 살고 있기 때문이다. 오히려 자신이 노예라는 사실을 자랑하며 뿌듯해하고 있다. 어떻게 하면 현 직장에 좀 더 길게 다닐 수 있을까 고민한다.

우리는 천국에 머물다가 지구별로 온 영혼들이다. 나만의 굉장한 창조 경험을 하기 위해 온 것이다. 직장이라는 노예 농장에서 부당한 지시를 받아가며 스트레스를 받기 위해 지상에 오지 않았다는 말이다.

지금부터라도 남의 눈치를 보며 영혼 없는 인생을 살기보다 천국에서 계획했던 그 인생을 살아야 한다. 내가 그토록 원했던 설레며 가슴 뛰는 진짜 인생을 실행해야 한다. 가슴이 뛰는 인생이야말로 천국에 있을 때 우리가 계획했던 인생이다.

● 당신은 소중한 인생을 평생 일만 하다 끝내고 싶습니까?

명품보다도 귀하고 다이아몬드보다도 소중한 것이

당신의 인생이다. 그 무엇과도 비교할 수 없는 인생인데, 왜 당신은 매일을 우울하게 살아가고 있는가? 이젠 회색빛 같은 일상에서 벗어나야 한다.

대부분의 사람들은 아무런 인생 계획 없이 직장생활을 하고 있다. 그렇게 살아선 평생 노예 신세에서 벗어나지 못한다. 직장을 생각하는 관점을 살짝 바꿔보자. 직장을 평생 몸담아야 하는 곳이 아니라 자아실현을 위한 곳으로 여기는 것이다.

자아실현을 하려면 먼저 자신의 꿈이 무엇인지, 바라는 인생이 어떤 것인지 명확하게 알아야 한다. 그래야 직장생활을 자아실현을 위한 수단으로 활용할 수 있다.

학교를 졸업하듯이 직장도 때가 되면 졸업해야 한다. 그런데 대다수 사람들은 직장을 평생 다녀야 하는 곳으로 인식하고 있다. 그래서 한 직장을 다니다가 마음에 들지 않으면 어디 좀 더 나은 직장이 없나 기웃거린다. 직장생활을 졸업하고 자신이 좋아하는 일을 할 생각을 못하는 것이다. 그렇게 평생을 직장인으로 살다가 가는 것이다. 죽도록 일만 하다가 땅에 묻히는 노예의 삶과 별반 다르지 않다.

출근하는 직장이 있는 지금 3년 후, 5년 후를 계획해야 한다. 자신이 좋아하는 일을 하며 남은 인생을 살기 위해 직장에서 나오는 월급을 자기계발 비용으로 써야 한다. 내 몸값을 10배로 높이는 데 시간과 노력을 아껴선 안 된다. 몸값이 높아지면 대부분의 문제들은 해결되게 마련이다. 경제적 자유를 얻게 되면 시간적 자유는 덤으로 누릴 수 있다. 진정한 행복은 경제적 자유와 시간적 자유를 실현했을 때 얻게 된다. 결국 나를 구원하는 것은 직장이 아니라 나 자신이기 때문이다.

4

직장인들이
가장 두려워하는 것은
배우자의 실직이다

직장인들이 가장 두려워하는 것은 배우자의 실직이다

나는 성공의 열쇠는 모른다.
그러나 실패의 열쇠는 모두의 비위를 맞추려 하는 것이다.
_빌 코스비

● 맞벌이 하는 당신이
가장 두려워하는 것은 무엇입니까?

맞벌이 직장인들이 가장 두려워하는 것이 있다. 바로 배우자의 실직이다. 배우자가 실직하게 되면 그나마 누리고 있던 모든 것들이 혼돈에 빠지게 되기 때문이다. 매달 적지 않게 들어가는 육아 비용, 아파트 대출금 이자, 자동차 할부금, 각종 공과금, 양가 부모님 용돈… 생각만 해도 어지럽고 아찔하다. 여기에다

'의식 수준' 또한 바닥으로 추락하게 된다. 중산층에서 서민으로 전락하는 것은 한순간이다.

직장인들은 현대판 노예나 다름없다. 어쩌면 더 비참할지도 모른다. 과거에는 노비가 있었다. 노비들은 새벽 일찍 일어나 대충 밥을 먹고 논과 밭에서 뼈가 빠지게 일했다. 다른 노비들에 비해 일을 잘하지 못하거나 결과물이 적을 경우 얻어맞거나 심한 욕지거리를 들어야 했다. 그들은 저녁 늦게야 집으로 돌아와 김치에다 식은 밥을 게 눈 감추듯 먹고 숙식하는 방에서 여러 명이 모여 새끼를 꼬아 곡식을 담을 가마니를 만들었다. 노비들은 새끼를 꼬면서 주인 양반의 험담을 하거나 욕을 하면서 스트레스를 풀었다. 마음에 드는 이웃마을 처자에 대한 이야기를 주고받으면서 나름의 기대와 설렘을 만끽하기도 했을 것이다. 자정이 다 되어서야 그들은 잠자리에 들고 다시 새벽 일찍 일어나 논과 밭으로 일하러 나갔다.

21세기를 사는 지금도 이러한 상황은 여전히 유지되고 있다. 다만 노비라는 이름이 '직장인'이라는 이름으로 세련되게 바뀌었을 뿐이다. 직장인들은 현대판 노비라고 할 수 있다. 새벽 일찍 일어나 대충 씻고 아침밥은 먹지도 못한 채 부랴부랴 버스, 지하철에 몸을 싣는다. 콩나물시루 같은 사람들 틈 속에서 1시간가량 서서 가면서 온갖 걱정에 시달린다. 출근 시간 몇 분 전에 도착하여 출근 도장을 찍은 뒤 바로 업무를 시작한다. 점심시간까지 쉬지 않고 일한다.

김 대리가, 이 과장이, 박 부장이 지시한 일을 마치기 위해선 한눈팔지 않고 일해야 한다. 물론 가끔 탕비실에서 봉지 커피를 타 먹거나 자판기 커피를 뽑아 먹으며 동료들과 잠깐 수다를 떨기도 한다. 그렇게 정신없이 일하다 보면 어느새 11시 50분이다. 이때부터 시선은 컴퓨터 모니터 오른쪽 하단의 시계로 향하고 12시가 되면 동료들과 함께 잽싸게 식당으로 향한다. 건물 안에서 쏟아져 나오는 직장인들의 모습은 마치 김밥 옆구리가 격하게 터지는 것 같다. 삼삼오오 짝을 지어 오늘은 무얼 먹을까 고민하며 참새처럼 종종 걸음으로 걷는다. 급히 점심을 먹고선 근처 카페에서 수다를 떤다. 이때부터 상사나 동료에 대한 험담이 시작된다. 시간이 갈수록 험담의 수위가 높아지고 서로 키득거리며 힐링한다. 그러다 보면 어느새 점심시간이 끝나간다. 아쉬운 마음을 뒤로 하고 마시던 커피를 들고 사무실로 향한다.

그렇게 시작된 오후 업무는 퇴근 전까지 계속된다. 때로 졸음이 오거나 몸이 고단할 때는 커피를 마시거나 화장실 변기 뚜껑을 닫고 그 위에 잠시 멍하니 앉아 있다. 얼른 퇴근 시간이 되었으면 좋겠다는 생각과 함께 다시 책상으로 향한다.

퇴근 후에는 같은 수준의 동료나 친구들과 저녁을 먹고 근처 호프에서 맥주를 마시며 자신의 능력을 알아주지 않는 상사를 욕하고 회사를 욕한다. 서로 의기투합되어 2차로 소주를 마신 뒤 노래방으로 향한다. 하루 종일 자신을 얽매어 놓았던 넥타이를 풀어 헤치고 과거 선조 노비들이 했던 그 방식대로 넥타이를 이마에 묶고는 망나니처럼 팔과 다리를 흔든다. 옆에서 동료는 갑 티슈를 하나씩 뽑으며 눈처럼 날린다. 영락없이 노비들이 막걸리에 취해 노는 방식이다.

노비와 같은 삶을 사는 대부분의 직장인들에게 미래는 없다. 과거와 별반 다르지 않은 현재만 있을 뿐이다. 하루 벌어 하루 먹고 살거나 한 달 벌어 한 달 먹고 사는 현재. 그렇다 보니 월급을 벌기 위한 일과 관련된 생각 말고는 할 겨를이 없다. 여유가 생겨도 미래나 자신에 대해 생각해 본 적이 없으니 생각이라는 것을 하지 않는다. 그저 팍팍한 현실에서 벗어나 스트레스를 풀 수 있는 수다 떨기나 음주가무를 즐기는 것이다.

이런 직장인들이 가장 두려워하는 것은 배우자의 실직이다. 부부 중에 한 사람이 직장을 잃게 되면 외벌이로 먹고 살아야 한다. 나가야 할 돈은 많은 상황에서 한 사람의 수입으로는 버티기가 불가능하다. 아무리 금실 좋은 부부라도 경제적인 문제 앞에선 금이

— 노비와 같은 삶을 사는 대부분의 직장인들에게 미래는 없
다. 과거와 별반 다르지 않은 현재만 있을 뿐이다.

가게 된다. 사소한 문제들이 축적되어 어느 순간 화산처럼 폭발하게 된다. 경제적으로 힘들지 않은 상황에선 충분히 이해할 수 있는 사소한 문제들도 눈덩이처럼 불어나 원수처럼 되는 경우도 많다.

● 나는 하루에 1시간 일하고
한 달에 수억 원의 수입을 올린다

부부는 사랑으로 결혼해서 부부생활을 시작한다. 두 사람의 사랑이면 그 어떤 문제도 너끈히 헤쳐 나갈 수 있을 것이라고 호언장담했다. 그러나 경제적인 문제 앞에 대부분의 사랑은 무릎을 꿇는다. 돈으로 인한 현실적인 문제들은 꼬리에 꼬리를 물고 이어지는데 비현실적인 사랑만으로는 모든 문제들을 포용할 수 없기 때문이다.

직장에 몸담고 있는 사람들은 스스로를 현대판 노예라고 생각해야 한다. 그래야 이 지긋지긋한 노예생활에서 벗어날 수 있는 방법을 찾기 시작한다. 만일 내 말에 반감이 든다면 절대 지금의 노예생활에서 벗어날 수 없다. 반감이 든다는 것은 지금의 노예생활에 만족한다는 뜻이기 때문이다.

나는 하루에 1시간 일하고 한 달에 수억 원의 수입을 올리고 있다. 하루에 1억 원 이상의 수입을 올리기도 한다. 평범한 사람들은 평생 만져 볼 수도 없는 돈이다. 나와 그들의 차이는, 나는 20년 전부터 1년에 30억 원의 수입을 올리는 것을 상상하며 부단히 노력했지만, 그들은 열심히 공부해서 좋은 대학 나오고 대기업에 들어가거나 공무원이 되는 것을 최종 목표로 여겼다는 것이다. 각자 자신의 소망대로 사는 것이다. 과거 자신이 가진 꿈이 실현된 것이다.

과거의 나는 가난했던 부모님처럼 살기 싫었다. 어린 시절 내가 보았던 부모님의 모습은 수시로 동네 사람들에게 돈을 빌리러 다니는 모습이었다. 부모님은 이른 아침부터 늦은 밤까지 연탄식 보일러를 만드는 공장에서 일하고 받은 월급을 빌린 돈에 이자까지 더해 갚는 데 쓰셨다. 어머니는 하루 600여 개의 보일

— 보통 아파트보다 더 비싼 슈퍼카 람보르기니. 미국의 30대 억만장자 엠제이 드마코가 쓴《부의 추월차선》을 읽고 나 또한 람보르기니의 오너가 될 수 있었다.

러 뚜껑에 페인트를 칠하는 일을 했다. 보일러 뚜껑의 무게가 만만치 않은 탓에 20년 이상 무릎 관절염과 어깨, 손가락 통증으로 고생하고 계신다.

나는 그런 가난한 삶을 살지 않겠노라고 결심했다. 내가 현대판 노예로 산다면 내 자식 역시 나와 같은 삶을 살게 될 것이다. 그래서 나는 직장생활을 하는

– 나는 SNS, 유튜브 등을 통해서 사람들에게 내가 소장하고 있는 슈퍼카들을 보여주고 있다. 나도 성공했으니 여러분도 할 수 있다는 메시지를 주고 싶기 때문이다.

동안 승진이나 월급에 만족하지 않고 더 큰 미래를 꿈꾸었다. 출근 전 2시간, 퇴근 후 2시간 이상 내 이름으로 된 책을 썼다. 그 과정에서 내 미래는 차츰 구체화되었고 지금처럼 작가, 코치, 컨설턴트, 1인 창업가의 삶을 살게 된 것이다

당신도 직장생활을 하고 있는 지금 '지적 자본(경

험, 정보, 나만의 해결법)'으로 창업을 준비해야 한다. 하루에 10만 원을 버는 것에 만족해선 안 된다. 월급을 조금 더 주면서 편안한 곳은 없나, 기웃거려선 안 된다. 당신은 충분히 지금보다 더 많이 벌 수 있다. 하루에 100만 원, 1,000만 원, 1억 원을 벌 수 있다. 당신이 가진 지적 자본을 사업으로 연결시킨다면 직장인에서 사업가로 신분이 이동되고 수입 역시 커지게 된다.

5

당신의 위치를 직장인에서 사업가로 바꿔라

당신의 위치를
직장인에서 사업가로 바꿔라

문제는 어떻게 새롭고 혁신적인 생각을 하느냐가 아니라
어떻게 오래된 생각을 비워내느냐 하는 것이다.
_디 혹

● **당신은 지금의 환경에 만족합니까?**

대부분의 사람들은 이 질문에 한참 생각할 것이다. 지금의 환경에 불만족스럽기 때문이다. 아침 일찍 직장에 출근해 공장의 로봇처럼 주어진 일만 하다가 늦은 저녁에 파김치가 되어 퇴근하는 모습을 보면 '현대판 노예'가 따로 없다.

지인 중에 최근 권고사직으로 회사를 그만둔 이가 있다. 그녀는 IT 관련 회사로 이직한 뒤 3개월을 꼬박

— 싱가포르 창이 국제공항에서. 2019년 봄, 아내 권마담과 한 책협 식구들과 함께 싱가포르 크루즈 여행을 다녀왔다.

새벽 6시부터 다음 날 새벽 2시까지 일했다. 그러던 어느 날, 디자이너와 의견 차이로 충돌하게 되었다. 그런데 오너가 그녀더러 회사에 그만 나오라고 한 것이다.

이런 예는 흔하다. 흥미로운 것은 사람들이 이런 패턴을 계속 이어 간다는 것이다. 머리에 하얀 서리가 내려앉는 나이가 되어서야 원하는 일을 팽개치고 직장생활만 하다 인생을 끝내게 된 자신의 지난날을 후회한다. 나는 당신의 위치를 직장인에서 사업가로 바꿔 보라고 말하고 싶다. 위치가 바뀌면 저절로 환경이 달라지기 때문이다.

"저는 돈도 없고 경험도 부족한데 어떻게 해야 사업가가 될 수 있을까요?"

직장인의 위치에서 사업가의 위치로 이동하는 방법은 간단하다. 먼저 '의식'을 바꿔야 한다. 의식은 영적인 세계의 것이다. 보이지 않는 세계에서 보이는 세계로 나타난다. 의식이 전부다. 그동안 직장인의 의식을 가졌다면 지금부터는 사업가의 의식을 가져야 한다. 사업가의 의식은 부자의 사고방식을 갖는 것에서 시작한다. 부자의 사고방식을 갖추면 부자가 된 것이나 다름없다. 부자들은 부를 가질 수밖에 없는 사고방식을 갖고 있지만 직장인들은 가난해질 수밖에 없는 사고방식을 갖고 있다.

부자의 의식을 갖고 있는 사람은 가진 돈과 경험이

많지 않아도 사업을 시작한다. 자본이 전혀 들지 않으면서 고수입 창출이 가능한 일을 한다. 자신의 이름으로 책을 펴내 그 책을 읽은 독자들을 대상으로 자신만의 경험과 깨달음, 해결책을 들려주는 코칭과 컨설팅으로 배움을 돈으로 바꾼다.

● 지금 시대에는 부를 창출할 수 있는 길이 너무나 많다

모든 이의 인생은 소중하다. 인생 속에 다른 사람들과 차별되고 구별되는 스토리가 담겨 있기 때문이다. 세상에는 나의 인생 스토리를 통한 위로와 용기, 해결책을 구하고자 하는 이들로 넘쳐난다. 작가, 코치, 컨설턴트, 1인 기업가가 되어 이들에게 고가의 비용을 받고 전수해 주는 사람이 되어야 한다. 노동 시간에 비례해 돈을 버는 직장인들과는 달리 전달하는 가치에 따라 돈을 받기 때문에 1시간에도 수백만 원, 수천만 원의 수입을 올릴 수 있다.

– 가족들과 6박 7일 일본 크루즈 여행 중인 모습. 왼쪽부터
장모님, 어머니, 아내 권마담, 김도사, 첫째 김태양, 베이
비시터 이모.

예전에는 학창시절 문제집과 참고서를 달달 외워
전교 1, 2등을 놓치지 않고 명문대를 졸업한 후 대기
업에 취직해야 성공한 삶이라고 생각했다. 취직한 후
에도 밤잠 줄여 가며 미친 듯이 일해서 직급이 높
아져야 어느 정도 경제적으로 윤택한 생활을 할 수
있었다. 이런 사람을 전문 용어로 '아카데믹 스마트

(academic smart)'라고 한다. 지금도 많은 사람들이 이를 성공하고 부자가 되는 가장 확실한 길이라고 착각하고 있다.

그러나 지금 시대에는 부를 창출할 수 있는 길이 얼마든지 있다. 완벽하진 않더라도 자신의 생각이나 아이디어, 기술, 경험, 해결책을 활용해서 상품이나 교육 프로그램을 만들어서 팔면 된다. 사회에 부가가치를 제공할 수 있는 무언가를 만든다면 누구나 부자가 될 수 있다. 이를 '스트리트 스마트(street smart)'라고 한다. 스트리트 스마트를 목표로 삼는다면 반드시 자신의 이름으로 된 저서가 필요하다. 사람들은 출신 학교나 직함 따위의 스펙보다 저서를 보고 전문가로 인정하기 때문이다. 이 책을 쓰고 있는 나 역시 엘리트의 길이 아닌, 세상에 부가가치를 제공하여 수입을 올리는 스트리트 스마트의 길을 가고 있다.

● 현재 부자가 아니라면

지금과 완전히 정반대로 생각하고 행동하라!

부자가 아니라면, 사축으로 직장생활에 매여 있는 사람이라면 지금과 완전히 정반대로 생각해야 한다. 정반대로 행동해야 한다. 부자의 사고방식을 갖고 다르게 생각하고 행동하는 것이 인생 뒤집기에 있어 첫걸음이다. 현재 갖고 있는 가난한 사람의 사고방식을 완전히 버리고 부자의 사고방식을 익혀야 한다. 부자들은 결코 직장인들이 하는 생각과 행동을 하지 않는다.

부자가 되고 싶다면 대중들이 가는 일반적인 경로를 벗어나야 한다. 대학을 졸업하고 취직하고 여러 곳의 직장을 전전하다 노후를 맞는 경로를 따른다면 비참한 인생으로 이어진다. 운이 좋아 작은 성공을 거둘수는 있겠지만 큰 성공은 바랄 수 없다. 하지만 극소수가 가는 경로를 택한다면 대중들과 차별화를 꾀할수 있을 뿐만 아니라 시장을 선점할 수 있다. 자신이 좋아하는 일을 하며 세상에 선한 영향력을 미쳐 큰

부를 창출할 수 있게 된다.

이제는 '열심히 스펙을 쌓아 대기업에 입사해서 출세해야 돈을 벌 수 있다. 그러기 위해선 남들보다 더 많이 공부하고 노력하자'라는 생각은 버려야 한다. 그래 봤자 직장인이다. 시계의 톱니바퀴 같은 신세다. 언제 맞아 죽을지 모르는 파리 목숨이다. 이렇게 생각을 바꿔 보자.

"지금은 스펙이나 조직에 얽매이지 않고도 얼마든지 나의 경험과 깨달음, 해결책을 팔아 돈을 벌 수 있어."

사람들이 필요로 하는 것을 만들어 파는 사업가가 된다면 부는 저절로 따라오게 된다.

당신의 위치를 직장인에서 사업가로 바꾸자. 그러기 위해선 먼저 교과서적인 진부한 발상이나 가치관에서 벗어나야 한다. 당신도 나처럼 충분히 아이디어, 인생의 경험, 깨달음, 해결법을 활용해 세상이 필요로 하는 것을 만들 수 있다. 당신도 더 이상 타인에게 고용

되지 않고 스스로의 힘으로 큰 수입을 올릴 수 있다.

당신이 세상에 태어난 이유는 죽을 때까지 남의 밑에서 고된 일을 하며 푼돈을 벌기 위해서가 아니다. 노예로 평생 늙어간다는 것은 생각만으로도 얼마나 끔찍하고 비참한가. 당신이 세상에 온 진짜 이유는 원하는 것을 창조하고, 사랑하는 사람들과 소중한 것들을 경험하기 위해서임을 잊어선 안 된다. 당신의 위치를 직장인에서 사업가로 이동할 때 원하는 인생을 살 수 있다.

시련은 신의 시험이다

― 김도사

길을 가는 나그네가

길이 멀다고 좌절하는 모습을 본 적이 있는가.

그대여,

하는 일이 잘되지 않는다고 좌절하는가.

믿었던 사람들이 등을 돌린다고 슬퍼하는가.

성공은 결심만 하는 자보다

성공을 향해 끝없는 열정으로 다가가는 자가 얻으리.

진정 꿈을 좇는 자는

좌절하다가도

슬퍼하다가도

순간 무지개처럼 떠오르는 열정에

다시 길을 나선다.

길의 끝에서 꿈이 그대를 향해 손짓하고 있다.

보이는가.

꿈이 있는 자는 결코 쓰러지지 않는다.

넘어져도 다시 일어서게 하는

열망이 마음속에 가득 들어 있기 때문이다.

가끔 인생의 길에서 지쳐 쓰러질 때

꿈을 위해, 눈부신 미래를 위해

그 대가를 지불하고 있다고 생각하라.

그대를 고통스럽게 하는 것이 바로

그대에게 걸맞은 꿈인지 아닌지 시험하는

신의 시험이라고 생각하라.

6

휠체어 탄
나이 든 부자는
부럽지 않다

휠체어 탄 나이 든 부자는
부럽지 않다

당신은 지체할 수도 있지만 시간은 그러하지 않을 것이다.
_벤저민 프랭클린

🔹 당신은 '돈'과 '시간' 중에서

무엇이 더 귀하다고 생각합니까?

부자들은 돈보다 시간을 더 귀하게 여긴다. 돈은
벌 수 있지만 시간은 결코 더 늘릴 수 없기 때문이다.
가난한 사람들은 시간보다 돈을 더 귀하게 생각하는
경향이 짙다. 경제적으로 쪼들리기 때문에 시간을 팔
게 된다. 당장의 생활비, 자녀 교육비, 대출금, 월세, 병
원비 등을 마련하기 위해 단 한 번뿐인 인생을 푼돈

을 버는 데 소비하는 것이다.

나 역시도 "돈, 돈, 돈!" 하며 살 때는 시간보다 '돈'에 더 마음이 갔다. 요즘 금수저, 흙수저라는 신조어가 생겨났지만 나는 흙수저도 없이 태어난 마이너스 인생이었다. 나는 남들은 쉽게 얻을 수 있는 사소한 것조차 투쟁을 해야 얻을 수 있었다. 한창 꿈을 가지고 인생에 대한 기대로 성장해야 할 10대, 20대 시기에 여기저기 사람들의 발길에 치이는 잡초와 같은 신세였다. 앞날에 대한 불안과 두려움, 하루하루 숨 가쁘게 조여 오는 돈 걱정은 나의 청춘을 갉아먹고 있었다.

작가가 되기 위해 서울 영등포역 부근 고시원에서 원고를 쓸 때는 라면 하나조차 살 돈이 없어 사흘을 굶어야 했다. 하루 반나절은 맹물만 마시며 청춘의 기본 체력으로 버틸 수 있었다. 하지만 이틀째부터 굶주림은 고문처럼 나를 고통스럽게 했다. 머릿속에는 온통 먹고 싶은 음식들이 비행접시처럼 날아다녔고, 누군가 나에게 자장면 한 그릇, 치킨 한 마리 사 준다면 시키는 대로 할 수 있겠다는 생각마저 들었다. 배고픔은 인간이 가장 참기 힘든 것임을 그때야 알게 되었다.

서울에 연고 하나 없던 나는 결국 하나님께 '죄 사함'에 대한 기도를 짧게 올린 뒤 공용으로 이용하는 냉장고에서 주인을 알 수 없는 김치를 꺼내 물에 만 밥과 함께 먹었다. 그리고 다음 날 고시원 맞은편에 위치한 인력사무소에 나가 새벽부터 막노동을 했고 그날 벌어들인 6만 원의 수입으로 원고 쓰기에 집중하며 몇 주가량 끼니를 해결할 수 있게 되었다.

물론 그 후에도 내 인생은 그다지 크게 달라지지 않았다. 출판사와 계약하고 계약금과 인세, 강연료로 아버지가 돌아가시며 남기신 빚을 모두 갚았지만 돈에 신경을 덜 쓸 수 있는 것은 아니었다. 심지어 한 달에 계약금으로만 1,500만 원가량의 수입이 들어와도 돈은 내가 주인이 아닌 듯이 사라졌다. 그때 나는 불현듯 깨달았다. "돈, 돈, 돈!" 해선 절대 돈으로부터 자유로워질 수 없다는 것을. 이때부터 돈보다 '시간'과 '세월'을 벌기 위해 연구하기 시작했다.

—《김 대리는 어떻게 1개월 만에 작가가 됐을까》 출간 후 예스24 강남점에서 저자 강연회 하는 모습.

● 저절로 돈이 굴러 들어오는 시스템을 만들어라

내가 연구 대상자들로 선정한 부류는 젊은 나이에 자수성가한 억만장자 사업가들이었다. 이들은 하나같이 저절로 돈이 들어오는 시스템을 가지고 있었다. 그들은 여행을 하거나 가족들과 오붓한 시간을 보내거나 쇼핑을 하거나 잠을 자거나 책을 읽는 시간에도 쉴 새 없이 통장에 돈이 꽂혔다. 그들은 여러 개의 파이프라인을 가지고 있었다. 그들이 갖고 있는 파이프라인의 특징은 저절로 돈이 굴러 들어오는 시스템이었다.

나는 부의 비밀을 '자동화 시스템'에서 찾았다. 내가 만들 수 있는 자동화 시스템은 나의 분신인 책을 써서 세상에 나를 브랜딩하여 강연과 코칭을 하는 것, 네이버 카페를 개설하여 나의 스토리와 경험, 해결책이 담겨 있는 상품을 파는 것이었다.

처음 내가 네이버 카페 한책협을 만들었을 때만 하더라도 주위 사람들은 "얼마 못 가 말겠지."라는 시큰둥한 반응들이었다. 하지만 9년이 지난 지금은 회원수가 2만여 명이 되었고, 그동안 1,000명의 사람들을 작가, 코치, 강연가로 활동할 수 있도록 도왔다. 시큰둥한 반응을 보였던 사람들은 9년 전이나 지금이나 별반 나아진 것 없이 직장생활을 하고 있다.

내가 사람들에게 독설처럼 하는 말이 있다.

"휠체어 탄 나이 든 부자는 부럽지 않다!"

"'천천히 부자 되기'로는 가망이 없다!"

"돈은 기하급수적으로 벌어들이는 것이다!"

한 살이라도 젊은 나이, 머리카락 한 올이라도 남아 있을 때 성공해야 하고 부자가 되어야 한다. 평생을 안 먹고, 안 입고, 안 가고, 안 자고, 안 만나고 해서 부자가 되었다고 해도 나이가 칠순, 팔순이라면? 그다지 인생이 즐겁지 않을 것이다. 화장터로 떠날 시간이 임박했기 때문이다. 그들은 젊은 시절로 돌아갈 수 있다면 전 재산을 주어도 아깝지 않다는 생각을 할 것이다.

인생은 돈이 아니라 '시간'이다. 시간, 즉 세월을 벌어야 한다. 그래야 내가 소망하는 것들을 이룰 수 있고 사랑하는 사람들과 소중한 시간을 보낼 수 있다. 직장인들을 '사축', '현대판 노예'라고 표현하는 이유는 그들에게는 시간(자유)이 없기 때문이다. 항상 회사라는 농장에 매여 논과 밭(업무)을 갈아야 한다. 몸이

─ 인생은 돈이 아니라 '시간'이다. 시간, 즉 세월을 벌어야 한다.

부서져라 일해도 돌아오는 것은 주인(오너)이 거지 적선하듯 던져 주는 조금의 식량(월급)이다. 매달 돈 걱정하며 사는 원인이 여기에 있다.

● 당신은 내일 당장 지금 하는 일을 그만둘 수 있습니까?

대머리에 은퇴를 한 나이가 아닌, 젊은 나이에 자신이 좋아하는 일을 좋아하는 사람과 좋아하는 장소에서 원하는 만큼만 할 수 있는 자유를 누려야 한다. 더 이상 '부자 되기' 책들이 말하고 있는 절약, 절세, 금융상품, 부동산 등 수십 년을 노력해야 빛을 볼 수 있는 재테크에서 눈을 돌려야 한다. 명문 대학에 가서 최고의 성적으로 졸업한 뒤 스펙을 갖춰 좋은 직장에 취업하더라도 인생은 가시밭길이다. 끊임없이 이율 좋은 금융상품과 퇴직연금에 투자하고, 신용카드를 없애고, 외식을 덜하고, 절세방법을 찾아다니게 될 것이다. 아마 이렇게 죽도록 일만 하면서 자린고비처럼 살다 보면 당신은 나이 들어 휠체어에 탈 때쯤에나 조금의 부를 거머쥘 수 있을 것이다.

● 하루에 여덟 시간씩 일하다가 사장으로 승진하여 하루에 열두 시간씩 일하게 될 것이다.

더 이상 자유를 사기 위해 자유를 팔아선 안 된다. 5일 근무, 2일 휴식이라는 끔찍한 5:2 법칙의 굴레에서 벗어나지 못한다. 다시 말하지만 시간은 인생이다. 더 이상 직장에서 돈을 벌기 위해 인생을 파는 어리석은 짓을 하지 마라. 이런 인생은 일을 하면 푼돈을 벌지만, 일하지 않으면 굶어 죽게 된다.

나는 이 책을 읽고 있는 당신에게 현대판 노예로 살기보다 나처럼 저절로 돈이 굴러 들어오는 추월차선으로 갈아타라고 말하고 싶다. 단기간에 기하급수적으로 버는 추월차선이 답이다. 누구보다 빠르게 '자동화 시스템'을 만들고 싶다면 010.7286.7232로 문자를 보내 보라. 당신 역시 나처럼 될 수 있도록 조언을 아끼지 않겠다.

7

최고의 직업은
내 경험을 전하는
1인 창업가다

최고의 직업은
내 경험을 전하는 1인 창업가다

다른 사람들이 할 수 있거나 할 일을 하지 말고,
다른 이들이 할 수 없고 하지 않을 일들을 하라.
_아멜리아 에어하트

● **당신은 당신이 가난하게 사는**

이유를 알고 있습니까?

당신이 경제적으로 쪼들려가며 사는 데는 이유가
있다. 사회생활을 시작하기 전부터 지극히 평범한 삶
을 택했기 때문이다. 인생을 사는 두 가지 길이 있다.
스토리 인생과 스펙 인생이다.

스토리 인생은 자신이 갖고 있는 지적 자본(지식,

― 싱가포르 크루즈 여행을 마치고 하선하기 전에 유튜브 〈김
도사TV〉 영상 찍는 모습.

경험, 정보, 해결법)으로 수입을 올리는 메신저나 1인 창
업가로서의 삶을 말한다. 자신이 사람들에게 전달하
는 지적 자본의 가치에 따라 가격을 매겨 비용을 받
는다. 그렇기에 한 시간 강연이나 코칭, 컨설팅 비용으
로 수천만 원에서 1억 원이 가능하다. 스토리 인생은
나이가 들수록 브랜딩이 되어 수입이 늘어나게 된다.

반면에 스펙 인생은 공부에 목숨을 건 사람들이 걸어간 길이다. 학창시절 교과서와 참고서, 문제집을 달달 외워 좋은 성적으로 좋은 대학을 나와 대기업이나 공무원이 되는 것을 말한다. 초·중·고등학교, 대학교, 대학원까지 공부하느라 소중한 20여 년의 세월을 낭비하고선 기껏 얻은 자리가 반 평도 안 되는 공간과 책상이다.

물론 취업해도 업무를 익히느라 다시 공부를 해야 하고 꼭두새벽부터 자정 무렵까지 일에 묻혀 살아야 한다. 주말에도 마음 놓고 자유 시간을 만끽하지 못하고 다음 한 주를 버틸 체력을 위해 휴식을 취할 뿐이다. 가정에 소홀히 해가며 일을 하지만 돌아오는 건 상사의 부당한 지시와 온갖 멸시뿐이다. 당신이 지금과 같은 불만 가득한 삶을 사는 것은 스토리 인생이 아닌 스펙 인생을 택했기 때문이다.

● 자유를 팔아서 일용할 월급을 버는
스펙 인생에서 탈출하라

1인 창업가로 사는 나는 매일이 신나고 즐겁다. 침대에서 일어남과 동시에 가슴이 두근두근 설렌다. 나는 자유를 팔아서 일용할 월급을 버는 스펙 인생이 아니기 때문이다. 나는 내가 갖고 있는 지적 자본에 가치를 담아 상품으로 만들어서 사람들에게 팔고 있다.

지적 자본이라고 해서 거창한 것이 아니다. 오히려 그 반대다. 경험, 정보, 나만의 해결법이다. 과거에 내가 꿈과 목표들을 이룬 것에 대한 비법, 보통 사람들에 비해 좀 더 알고 있는 정보, 내가 했던 고민에 대한 해결책 등이다. 세상에는 분명 예전에 내가 고민했던 문제들로 인해 힘들어하는 이들이 수없이 많다. 내가 그 문제를 해결했던 과정이나 방법을 책으로 출간하고, 그 책을 읽고 찾아온 사람들에게 해결책을 들려주고 비용을 받으면 된다.

그동안 250권의 책을 펴낸 나는 책의 힘이 얼마나 위대한지 잘 알고 있다. 책에 자신의 스토리를 생생하게 담고 어떻게 시련과 역경을 이기고 지금의 위치에 이르렀는지를 적는다면 분명 사람들이 전화나 메일로 연락을 취해 온다.

나는 오늘도 다음과 같은 메일들을 받았다.

"저도 작가님처럼 크게 성공하고 싶습니다. 작가님처럼 되려면 어떻게 해야 할까요?"

"어릴 때의 꿈이 작가였습니다. 그런데 직장생활하다 보니 꿈을 잊고 살았어요. 지금 제 나이는 어느덧 쉰입니다. 지금이라도 작가의 꿈을 이룰 수 있도록 도와주십시오."

"회사로부터 권고사직 통보를 받았습니다. 20년간 직장생활을 한 끝이 겨우 이거라니 너무 허무하고 제 자신이 비참해집니다. 저도 이제라도 책을 써서 1인

창업가가 되고자 합니다. 방법을 알려 주시면 감사하
겠습니다."

나는 비교적 답신은 짧게 한다. 짧게 해야 명확성
이 담겨 상대에게 '고수'라는 신뢰를 주기 때문이다.
내가 그들에게 어떤 답신을 보냈을까?

"당신도 나처럼 될 수 있습니다. 지금부터 한 달 벌
어 한 달 먹고 사는 스펙 인생에서 벗어나도록 도와
드리겠습니다. 나를 찾아오세요. 내가 인생을 뒤집을
수 있는 비법을 전수해 드립니다."

세상에는 수많은 사람들이 살아가고 있지만 저마
다 고민을 안고 있다. 고민은 개인의 성장이나 발전을
위해 꼭 필요한 숙제 같은 것이다. 이 숙제를 해내는
사람은 계속 성장하고 발전하게 된다. 그런데 대부분
의 사람들은 고민을 고민으로 남겨 둔다. 계속 고민만
하다가 죽는다. 만일 당신이 그들의 고민에 대한 조언

이나 답을 줄 수 있는 사람이 된다면 어떨까? 그들의 인생을 변화시킬 수 있다. 그들의 고민을 들어주고 해결할 수 있는 조언을 해 준다면 그들은 당신에게 기꺼이 비용을 지불할 것이다.

● 최고의 직업은 내 경험을 전하는 1인 창업가이다

오전 11시 5분, 대부분의 사람들이 직장에서 자신의 일이 아닌 주주(남)의 일을 해 주고 있다. 그들은 시계를 보며 얼른 점심시간이 되었으면 좋겠다는 생각과 오늘은 뭘 먹을까 하는 고민을 하고 있다. 지극히 노예 같은 생각이다. 같은 시간 나는 오후 1시에 있는 K 작가와의 만남에서 그에게 어떤 조언을 해 줄까, 다음 책은 어떤 주제로 써 볼까, 이번 주 일요일에 있는 한책협의 책쓰기 1일 특강에서 어떤 이야기를 들려줄까 등 생산적인 생각을 한다. 이런 생각을 하는 것만으로도 가슴이 뛴다.

나는 예전에는 대통령, 장관, 국회의원, 시장, 변호

— 일본 크루즈 여행 중 레스토랑에서 우리 어머니와 장모
님, 권마담과 함께 즐겁게 식사하고 있다. 크루즈 여행의
묘미는 음식들이 무료로 제공된다는 것!

사, 세무사, 법조인 등의 직업들을 동경하며 살았다.
하지만 1인 창업가로 살고 있는 지금은 전혀 부럽지
않다. 그들은 하나같이 자신의 일이 아닌 남의 일을
하고 있기 때문이다. 그 일을 히느리 소중한 인생을
낭비하고 있다. 세상에는 남의 일보다 더 가치 있는
일들이 헤아릴 수 없이 많다. 사랑하는 가족과 여행

을 다니고, 소중한 사람들과 시간을 보내고, 하고 싶은 일을 하며 세상에 선한 영향력을 펼치고, 하나씩 꿈과 목표들을 실현해 나가는 일보다 더 가치 있는 일은 없다. 이런 일들은 남의 일을 해 주는 위치에선 절대 불가능하다.

최고의 직업은 내 경험을 전하는 1인 창업가다. 지금부터라도 자유를 팔아 돈을 버는 환경에서 벗어나야 한다. 스펙을 하나 더 추가해서 더 나은 조건의 직장으로 이직해 봤자 몇 년이다. 또 다시 지금과 같은 고민을 하는 시기가 온다. 이젠 사축의 신세에서 벗어나 '자유인'이 되어야 한다. 지금보다 더 적게 일하면서도 큰 수입을 올릴 수 있다. 즐겁게 일하면서도 수십 배, 수백 배의 수입을 올릴 수 있다.

지금 당장 살아온 스토리와 정보, 경험, 해결법을 담아 책으로 펴내라. 책이 바로 지적 자본이자 사업 밑천이다. 내 책을 읽은 독자들을 대상으로 코칭하고 컨설팅하는 스토리 인생을 살아야 한다. 나는 당신이 소중한 인생을 남의 밑에서 부당한 지시를 받아가며 낭비하지 않기를 바란다.

— 지금 당장 살아온 스토리와 정보, 경험, 해결법을 담아 책으
로 펴내라. 책이 바로 지적 자본이자 사업 밑천이다.

뿌리 깊은 나무처럼

—— 김도사

얕은 물은 작은 돌멩이에도
쉽게 방향을 바꾸지만
깊은 강물은 거센 폭풍이 몰려와도
바다에 닿을 때까지 묵묵히 흘러갑니다.
마음의 깊이가 얕은 사람은
말 한마디에 흔들리지만
마음의 깊이가 깊은 사람은
뿌리 깊은 나무처럼
결코 흔들리는 법이 없습니다.

사람들에게 그늘을 주는 큰 나무도
처음에는 모래알 같은 씨앗이었습니다.
씨앗은 거친 비바람을 이겨 내고
때론 시린 겨울바람과 뜨거운 열풍을 견디며
내일 희망 심기를 잊지 않았기 때문에
사람들에게 휴식과 희망을 줄 수 있는 것입니다.
사람들은,

큰 나무와 아름다운 꽃만 기억할 뿐이지
처음에 작은 씨앗이었다는 것을
종종 잊어버리며 살아갑니다.

숲이 아름다운 것은
꽃이나 키 큰 나무 예쁜 새
분명 이들 때문만은 아닙니다.
낮에는 뜨거운 태양 빛을
밤에는 깜깜한 어둠을 받아들이는
헌신이 있기 때문입니다.
그런 헌신이 있기에
사람들은 때로
사랑을 배우러 숲을 찾고
사랑을 간직하기 위해
숲을 찾는 것입니다.

8

성실함보다
부자의 사고방식을
가져라

성실함보다
부자의 사고방식을 가져라

돈이 있어도 이상이 없는 사람은 몰락의 길을 밟는다.
_표도르 도스토옙스키

● **당신은 빈자와 부자 가운데 어느 편에 속합니까?**

모두들 더 나은 삶을 살기 위해, 부자가 되기 위해 고군분투하고 있다. 하기 싫은 일, 먹고 싶은 것, 사고 싶은 것, 가고 싶은 곳을 다 참아가며 성실하게 일하지만 환경은 좀처럼 나아지지 않는다. 오히려 시간이 지날수록 위치는 불안해지고 벼랑으로 내몰린다.

"월급이 들어와도 만져 보지도 못하고 돈이 없어."

－ 일본 크루즈 여행 중에 정찬 레스토랑에서 식사를 하고 있
  는 도중, 사진을 찍는다는 말에 권마담과 급히 최대한 귀
  여운 표정을 짓고 있다.

"뼈 빠지게 일하며 살아왔는데 형편이 조금도 나
아지지 않아!"

"있는 사람들은 더 잘되고 없는 사람은 더 힘들어
지니 세상은 정말 지랄 같아!"

왜 성실하게 살아가는데 부자가 되기는커녕 가난

해질까? 왜 하루 10시간 이상 일해도 형편이 나아지지 않는 것일까? 답은 성실함이 아닌 '사고방식'에 있다. 성실함보다 '부자의 사고방식'을 가질 때 빈자에서 부자로 위치가 이동하게 된다. 부자의 사고방식을 가지지 않은 채 아무리 노력해 봐야 현실은 개선되지 않는다. 부의 추월차선으로 가는 기회는 사고방식이 만들어 내기 때문이다.

과거의 나는 빈자로 출발했다. 하지만 지금의 나는 원하는 것들은 모두 가지고 누리는 부자로 살고 있다. 내가 갖고 있는 자산만 해도 보통 사람들은 상상하기 힘들 정도다. 나는 무엇보다 하기 싫은 일이 아닌 좋아하는 일을 하는 것이 너무나 즐겁다. 요즘은 "자신이 좋아하는 일을 할 때 부자가 된다."라는 말을 실감하며 살고 있다.

● 나는 사람들이 바로 행동하지 않는 이유를 알고 있다

나는 24년 동안 전 장르에 걸쳐 250권의 책을 펴냈다. 내 책을 읽은 사람들로부터 많은 전화와 메일,

쪽지가 온다. 그들이 묻는 질문은 다음 3가지로 귀결된다.

첫째, 어떻게 하면 작가가 될 수 있는가?

둘째, 어떻게 하면 강연가, 코치, 컨설턴트, 1인 기업가로 성공할 수 있는가?

셋째, 어떻게 하면 성공해서 부자가 될 수 있는가?

나는 메신저 일을 하기 시작한 후 이런 질문이 담긴 메일들에 친절하게 답신을 보내 주곤 했다. 과정과 경험, 노하우를 담아 정성스레 회신해 주었음에도 불구하고 그대로 행동하는 사람은 없었다. 처음에는 내가 조언하는 대로 실천하지 않는 그들이 원망스럽고 얄미웠다. 20여 년이 걸려서 터득한 노하우를 알려 줬는데 바로 행동에 옮기지 않았기 때문이다.

이제 나는 그들이 바로 행동하지 않는 이유를 알고 있다. 그들은 나에게 보낸 한 통의 메일로 쉽게 조언을 얻었기에 '조언의 가치'를 알지 못하는 것이다.

— 페라리를 타고 자주 가는 스타벅스 앞에서. 페라리를 주차하면 많은 사람들이 쳐다본다. 심지어 다가와 페라리 사진을 찍어도 되는지 물어보는 사람들도 있다.

쉽게 말해 돼지에게 다이아몬드 목걸이를 선물한 격이다. 돼지는 다이아몬드 목걸이의 가치에 대해 알지도 못할뿐더러 관심도 없다. 오로지 음식에만 관심이 있을 뿐이다. 이제 나는 한 통의 메일로 조언을 구하는 사람들에게 내가 쓴 책들 가운데《150억 부자의 부의 추월차선》,《평범한 사람을 1개월 만에 작가로 만드는 책쓰기 특강》을 읽고 나를 찾아오라고 말한다.
물론 책을 읽고 찾아오는 사람은 소수에 불과하지만
이들은 절박함을 갖고 있기에 나는 기꺼이 성공 비결
을 알려 준다.

● 당신은 부자의 사고방식을 갖고 있는가, 가난한 사람의 사고방식을 갖고 있는가?

평범한 당신이 부자가 될 수 있는 유일한 방법은
단 하나다. 성실함보다 부자의 사고방식을 갖추는 것
이다. 성실함은 중요한 성공 요소에 속한다. 하지만 부
자의 사고방식이 결여되어 있는 성실함으로는 절대 가
난한 형편에서 벗어날 수 없다. 부자들은 성실함보다
'가치'를 생각한다. 물건을 고르거나 일을 할 때, 사람
을 만날 때, 이사를 갈 때, 모두 가치가 있는지 없는지
를 따진다. 가난한 사람들이 당장은 눈앞의 이익에 눈
이 멀어 소탐대실(小貪大失)할 때, 부자들은 당장은 이
익이 적거나 없더라도 가치 있는 것을 택한다. 사소취
대(捨小取大)하는 것이다. 작은 것을 버리고 큰 것을 얻

게 된다. 빈자들이 계속 가난해지고, 부자들이 계속 부유해지는 이유다. 가난과 부를 결정하는 것은 '의식'에 달렸다.

성실함만 가진 사람들이 모여 있는 곳이 있다. 바로 '직장'이다. 이곳에는 노예근성, 사축의 기질을 가진 사람들이 딱 먹고살 만큼의 연봉을 받으며 성실함을 무기로 세월을 낭비하고 있다. 그들은 쉴 새 없이 주위를 두리번거린다. 조금이라도 연봉을 더 주는 곳이 없는지, 좀 더 편하게 일할 수 있는 곳이 없는지 살피는 것이다. 한 달 벌어 한 달 먹고사는 노예 마인드를 가진 직장인들의 특징이다.

《부자의 사고 빈자의 사고》의 저자 이구치 아키라는 젊은 나이에 매년 10억 원이 넘는 수입을 올리고 있다. 그의 시작은 너무나 초라했다. 사업 자금은커녕 수중에 30만 원밖에 없었고 대학교 중퇴에다가 이렇다 할 기술이나 능력도 없었다. 하지만 부자의 사고방식으로 전환한 결과 인생 대역전에 성공할 수 있었다.

− 거실에 위치한 아이들 놀이방에서. 왼쪽부터 첫째 태양, 셋째 사랑, 권마담과 둘째 승리. 세 아이들은 하나님이 우리에게 보내주신 천사이다. 언제나 환한 웃음을 지으며 해맑게 자라길 소망한다.

이구치 아키라는 빈자의 사고로는 절대 부자가 될 수 없다고 말한다. 현실을 창조하는 근원인 사고방식이 가난하기 때문이다. 가난한 사람은 '가난한 사람의 사고방식'을, 부자는 '부자의 사고방식'을 갖고 있다. 가난한 사람이 부자가 되기 위해선 먼저 사고방식을 바꿔야 한다.

나는 어린 시절부터 지독한 가난에 시달렸고, 숱한 시련과 역경, 실패를 경험했다. 그럼에도 지금과 같은 부유한 인생을 살 수 있는 것은 부자의 사고방식을 가졌기 때문이다. 당신도 직장인 마인드를 버리고 부자의 사고방식을 가짐으로써 연 수입 10억, 30억, 100억 원의 부자가 될 수 있다. 나는 부자가 될 수 있는 가장 빠르고 안전한 방법을 알고 있다. 물론 돈을 버는 기술과 노하우를 습득하는 것이 아니다. 부자의 사고방식을 갖추는 것이다.

가난한 사고방식에서 부자의 사고방식으로 전환하고 싶다면 앞에 열거한 나의 책들을 읽고 한책협으로 찾아오라. 단기간에 부자의 사고방식을 갖출 수 있는 노하우를 전수해 주겠다.

9

회사는
책을 쓴 후
졸업해야 한다

회사는
책을 쓴 후 졸업해야 한다

● 직장생활을 하는 지금 은퇴를 준비하라

그동안 은퇴는 사회가 결정해 왔지만 지금은 그렇지 않다. 자신이 결정해야 한다. 인생의 주도권은 나 자신에게 있기 때문이다. 예순이 넘고 일흔이 되었어도 자신이 좋아하는 일을 계속할 수 있다면 남은 생을 축제처럼 살 수 있다.

나는 직장인들에게 직장생활을 하는 지금 은퇴를 준비하라고 말한다. 세상 모든 일에는 부침이 있게 마련이다. 평범한 사람일수록 직장생활을 하는 지금 은퇴 준비를 철저하게 해야 한다.

그렇다면 어떻게? 간단하다. 지금 자신이 하고 있는 일, 좋아하는 일이나 잘하는 일, 취미에 대해 책을 쓰면 된다. 책을 출간하는 순간 그 분야에서 전문가로 인정받게 되어 자연스레 칼럼 기고와 강연 활동으로 이어지게 된다. 이는 당연히 책의 인세는 물론 칼럼 기고료와 강연료로 이어진다. 그래서 많은 사람들이 책을 쓰기 위해 고군분투하고 있는 것이다.

나는 9년간 네이버 카페 한책협을 운영해 오면서 1,000명의 평범한 사람들을 작가, 코치, 강연가, 1인 기업가로 만들었다. 그들은 책을 쓰기 전에는 무엇 하나 내세울 것이 없는, 파리 목숨과 같은 직장인에 불과했다. 자신의 이름이 들어간 책을 펴내자 사람들이 알아주기 시작했고 예상치 못했던 기회들이 찾아왔다. 펴낸 책의 주제로 외부 강연을 다니고 있고 책을 읽고 찾아온 독자들을 대상으로 1:1 코칭과 컨설팅을 진행

— 2014년 6월 국제구호기구 월드비전을 통해 아프리카 가정에 염소 1,000마리 기부캠페인을 진행했다. 이날 연예인 손진영 씨가 홍보대사로 참여했다.

하며 직장에 다닐 때보다 많은 수입을 올리고 있다.

이 글을 쓰고 있는 나 역시 책을 펴낸 후 회사를 '졸업'한 케이스에 속한다. 동료들은 월급이 5만 원, 10만 원 오른 것에 만족하며 회사생활을 했다. 나는 그들이 마치 주인으로부터 개껌 하나를 얻기 위해 재

— 일본 크루즈 여행 중, 첫째 태양이가 요코하마항 오산바시 국제여객선터미널에서 코스타 크루즈 네오로맨티카호 앞에서 '노는 아이' 모습으로 포즈를 취하고 있다.

롱을 부리는 푸들처럼 보였다.

당시 나는 월급에는 아무런 관심이 없었다. 월급으로는 절대 경제적으로 윤택해질 수도 없을뿐더러 내가 원하는 인생을 살 수 없다는 것을 알고 있었기 때문이다. 내가 관심을 가진 것은 두 가지, '꿈'과 '미래'였다. 당시 내가 받은 월급은 100만 원이 채 되지 않왔다. 하지만 나는 그 돈을 눈부신 꿈과 미래를 만드는 자기계발 비용으로 썼고 지금의 인생을 완성할 수 있었다.

● 만일 내가 그 친구들처럼
직장생활에 목숨을 걸었다면?

지금도 생생하게 기억이 난다. 우리 집은 마을에서 가장 가난했다. 나는 중학교 때부터 신문 배달, 주유소 아르바이트, 막노동, 전단지 돌리기, 피자가게 아르바이트, 공장 생활을 전전해야 했다. 심지어 스무 살에는 주유소에서 트럭에 휘발유를 주입하는 실수로 월급도 받지 못한 채 쫓겨나는 수모도 당했다. 그리고 대학 졸업 후 취직이 되지 않아 좌절과 절망을 밥 먹듯이 했다. 힘든 가운데에서도 이를 악물고 꾸준히 책을 썼다. 내가 써낸 책들은 나의 부족한 부분을 채워주었을 뿐 아니라 나의 분신이 되어 밤낮없이 전 세계를 돌며 나를 홍보하고 마케팅하고 있다.

반면 공무원이 된 친구들과 대기업에 들어간 친

구들은 10년 전이나 지금이나 별반 차이가 없는 인생을 살고 있다. 그들은 조직에서 도태되지 않기 위해, 한 단계 더 승진하기 위해 다시 미친 듯이 공부하고 있다.

만일 내가 그 친구들처럼 직장생활에 목숨을 걸었다면 지금쯤 어떤 모습일까? 아, 생각만 해도 아찔하다. 직장인들은 반드시 기억해야 할 것이 있다. 직장생활에는 끝이 있고, 그 끝은 예상보다 일찍 찾아온다는 것이다.

나는 책을 써서 운명을 바꾸었다. 그래서 만나는 사람들에게 책을 써야 한다고 권유한다. 특히 남이 만든 회사에서 일하는 평범한 사람들은 만사를 제치고 책부터 써내야 한다. 자신의 경험과 노하우, 깨달음이 담긴 책을 쓰지 않는다면 대리 달고 과장, 부장이 되는 것을 지구별에 온 목적으로 착각하며 살아가게 된다. 결국 직장인으로 살다가 멋진 인생 한번 경험해보지 못한 채 화장터로 들어가게 된다.

회사는 천직을 찾기 전에 반드시 거쳐야 하는 과

— 회사는 천직을 찾기 전에 반드시 거쳐야 하는 과정, 즉 자기계
발 비용과 최소한의 생활비를 버는 정도로만 생각해야 한다.

정, 즉 자기계발 비용과 최소한의 생활비를 버는 정도로만 생각해야 한다. 그렇지 않고 회사에 목숨을 건다면 목숨을 쥐고 있는 회사로부터 어느 날 갑자기 목이 날아가는 일을 겪게 된다.

● 사축으로 살고 있는 지금 당장 책을 써야 한다

회사는 책을 써서 개인 브랜딩을 한 뒤 졸업해야 한다. 학교만 졸업하는 것이 아니다. 회사 역시 계획을

세워 3년, 5년, 10년을 다닌 후 나와야 한다. 졸업해야 하는 것이다. 한 번뿐인 인생을 '회사'라는 작은 연못에 가두는 어리석은 사람이 되어선 안 된다.

사축으로 살고 있는 지금 당장 책을 써야 한다. 지극히 평범한 나와 당신이 인생 2막을 즐겁게 살기 위해선 책을 써서 퍼스널 브랜딩하여 강연하고, 조언을 필요로 하는 사람들을 대상으로 코칭하고 컨설팅하는 일밖에 없다. 내가 가진 지식과 경험, 노하우, 깨달음이라는 자산으로 수입을 창출할 수 있다는 것은 최고의 선물이자 기회이다.

나는 당신이 노예처럼 일만 하다가 늙어 가기를 바라지 않는다. 좋아하는 일을, 좋아하는 사람들과 좋아하는 장소에서 하고 싶은 만큼만 할 수 있는 자유로운 존재로서 인생을 축제처럼 살기를 바란다.

10

자신이
못하는 일은
전문가에게 맡겨라

자신이 못하는 일은
전문가에게 맡겨라

목표를 달성하는 방법에 대해 비결이라고 할 만한 것
하나를 소개하면 그것은 집중하는 것이다. 목표를 달성하는 사람들은
중요한 것부터 먼저 하고 한 번에 한 가지 일만 수행한다.
_피터 드러커

● 당신은 모든 일을 혼자서 하려고 하지 않습니까?

성공하는 인생을 사는 사람들은 절대 모든 일을 혼자서 하려고 하지 않는다. 자신이 좋아하고 잘하는 일에 집중한다. 꼭 해야 하지만 서툰 일들은 다른 전문가에게 맡긴다. 나 역시 마찬가지다. 내가 잘하는 일들이 있고 그렇지 못한 일들이 있다. 잘하는 일들에 시간과 노력을 집중한다. 하루 몇 시간 일하지 않음에도 불구하고 시간이 갈수록 수입이 늘어가는 이유 중

하나다.

현재 직장인들 중에 1인 창업을 준비하는 사람들이 많다. 아무리 열심히 일해도 직장생활의 끝은 있게 마련이어서 자신이 좋아하는 일을 하며 수입을 올리기 위해서다. 그동안 한책협에서도 수백 명의 작가, 코치, 컨설턴트가 양성되었고, 많은 이들이 1인 창업가로 활동하고 있다. 이들은 직장생활을 할 때보다 시간적 여유를 누리면서도 몇 배의 수입을 올리고 있다.

반면에 고전을 면치 못하거나 중도에 포기하는 이들도 있다. 나는 그 이유를 살펴봤다. 크게 두 가지를 꼽을 수 있다.

첫째, 모든 일을 혼자서 하려고 한다.

둘째, 어려운 일이 생기면 전문가를 찾기보다 좌절하거나 포기한다.

모든 일을 잘할 수는 없다. 하지만 한두 가지는 남들보다 특출하게 잘할 수 있다. 그 한두 가지에 집중

― 한국기록원으로부터 35세에 100권의 책을 쓴 공적(최단기
간, 최다출판)을 인정받아 2011년 12월 14일 제1회 〈대한
민국기록문화대상〉을 수상했다.

하면 된다. 나의 몸값을 올려 주고 큰 수익을 안겨 줄

것은 그 한두 가지에서 나온다는 것을 기억해야 한다.

그런데 사람들은 이것저것 잘하는 만능 엔터테이너가

되려고 한다. 그 이유는 타인에게 맡기려니 자신이 생

각하는 만큼 완벽하게 잘할 수 있을까 걱정되고 비용

을 아끼기 위해서다. 그 결과 조금씩은 잘할지 모르지

만 깊이 있게 잘하는 것은 없게 된다.

가난한 사람들의 공통점은 어려운 일이 닥치면 혼자 고민한다는 것이다. 그러다 주위 사람들에게 속내를 털어 놓는다. 주위 사람들은 힘든 일을 해결해 주는 전문가가 아니다. 결국 일은 해결되기는커녕 해결할 수 있는 타이밍을 놓쳐 더 복잡하게 얽히게 된다.

● 전문가를 찾아간다면 대부분의 문제들은 해결된다

나는 어려운 일이 생기면 혼자 고민하거나 주위 사람들에게 조언을 구하지 않는다. 누가 이 문제를 해결하는 데 도움을 줄 수 있는지 생각한다. 그리고 그에게 비용을 주고서 상담을 받는다. 전문가는 무료로 조언을 해 주는 것이 아니기에 최선을 다해 조언한다. 자신의 힘으로 답이 나오지 않을 때는 주위 사람을 소개해 주기도 한다.

사람들은 내가 모든 일에 능숙하다고 착각한다. 사실 나는 잘하는 것이 몇 가지 안 된다. 내가 잘하는 분야는 강연, 강의하기, 책을 빨리 쓰기, 사람들에게 책 쓰는 비결을 전수하여 단 몇 개월 만에 작가가 되도록 돕기, 온라인 카페 운영하기, 카페 신규 회원수 모으기와 충성 고객 만들기, 고객의 니즈에 맞는 과정 개설하기, 나이와 성향이 서로 다른 스태프들을 가족처럼 생각하기 등이다. 잘하지 못하는 것들은 더 많다.

나는 2011년에 네이버 카페 한책협을 개설했다. 하지만 카페 메인을 디자인하는 방법을 몰라 예쁘게 꾸미지 못해 고민 중이었다. 나는 온라인 구인구직 사이트에 카페 메인을 꾸며 줄 사람을 구하고 있다는 모집 글을 올렸다. 며칠 후 계명대학교에 다니는 한 여대생이 연락을 해 왔고 급한 대로 적은 비용을 주고 카페 메인 디자인을 의뢰했다. 일주일 후 카페 메인 디자인이 나왔다. 예상보다 미흡하긴 했지만 내가 한 것보다는 현저히 월등했다. 그렇게 해서 본격적으로 카페 운영을 시작할 수 있었다. 현재 네이버 카페 한책협의 회원수는 2만여 명이 되었으며, 하루에도 수십 명의 신규 회원들이 가입하고 있다.

한책협의 블로그 역시 내가 직접 운영하지 않는다. 스태프들이 알아서 블로그 메인을 깔끔하면서 신뢰감을 주게끔 디자인했을 뿐 아니라 운영도 하고 있다. 스태프들이 알아서 블로그 게시글도 꾸준히 올리고 있다. 만일 내가 블로그 운영까지 했다면 어땠을까? 지금과 같은 규모의 카페로 성장시키지 못했을 것이다.

● 단기간에 크게 성공하는 비결

학창시절 나는 영어 성적이 바닥이었다. 시험을 치면 점수가 대략 10점 언저리였다. 그럼에도 아무런 걱정이 들지 않았다. 선생님이 영단어 숙제를 내 주면 나는 숙제를 하지 않고 손바닥에 매를 맞는 것으로 대신했다. 지금 생각해 보면 영어 공부가 그렇게 하기 싫었는지 모를 일이다. 어쩌면 앞으로 살아갈 인생에서 영어가 그다지 필요 없을 것이라는 예감 때문이 아니었을까 한다.

지금의 나는 0.1퍼센트에 속하는 성공자로서 해외여행을 마음대로 다니고 있다. 외국인과 자유롭게 대화하는 아내를 두었기 때문이다. 외국 공항에 발을 딛는 순간부터 아내는 나의 입이 되어 준다. 내가 아내에게 생각이나 의견을 말하면 아내는 그것을 외국인에게 전달하기도, 필요한 서류를 작성하기도 한다. 지금 영어를 하겠다고 시간과 노력을 쏟는 것보다 내가 잘하는 분야에 집중하는 것이 더 효율적이라고 생각한다.

단기간에 크게 성공하는 비결은 자신이 잘하는 일에만 집중하는 것이다. 자신이 잘하지 못하는 일은 대신해 줄 전문가에게 맡겨야 한다. 우리의 시간과 에너지는 한정적이다. 시간과 에너지를 생산적으로 활용하지 못한다면 인생은 나아지지 않는다. 절대 혼자 모든 것을 하려고 해선 안 된다. 이는 모든 것을 평범 이하로 떨어뜨려 망치겠다는 것과 같다. 부족한 부분은 전문가에게 위임하고 그 시간에 강점에 집중해야 한다. 모든 성공자들은 이렇게 시간과 노력을 가장 중요한 부분에 투입한다는 것을 기억하자.

성공의 열쇠는 내 안에 있다

─ 김도사

인생을 살아가다 넘어질 때

시련을 피하지 말고 즐겨라.

거친 파도를 피하지 않고

그 파도의 흐름을 즐기는 윈드서핑을 보라.

파도는 그대를 더 빨리,

더 먼 곳으로 데려다 줄 것이다.

때로 살아가면서 주위 사람들로부터 듣게 되는

푸른 멍 같은 말 한마디에 좌절하지 마라.
자신을 움직이는 힘은
자신의 내부에 있음을 망각하지 마라.
대신 방향키 없이 바다 위에 떠 있는 배처럼
목표 없이 인생의 바다에 아무렇게나 떠 있는
자신을 부끄러워하라.
시간은 냇물처럼 쉬지 않고 흘러간다.
지금 그대가 헛되이 흘려보내는 시간 속에
인생을 빛나게 해 줄
성공의 열쇠들이 함께 흘러가고 있음을 깨달아라.

11

인풋 자기계발은
그만! 아웃풋
자기계발을 하라

인풋 자기계발은 그만!
아웃풋 자기계발을 하라

당신이 어떤 위험을 감수하냐를 보면,
당신이 무엇을 가치 있게 여기는지 알 수 있다.
_저넷 윈터슨

● **당신은 혹시 책만 읽는 바보가 아닙니까?**

과거의 나는 책만 읽는 바보에 지나지 않았다. 지독한 책벌레였다. 하루에 2~3권씩 읽는 것은 기본이었는데 수천 권의 책을 읽어야 성공하는 줄 알았기 때문이다. 성공자들은 미친 듯이 책을 읽어서 성공한 것이라고 착각했다. 그들을 보며 나도 더 치열하게 읽으려고 시간과 에너지를 아끼지 않았다.

그러나 내 이름으로 된 책을 펴내고 나서야 명확하

게 깨닫게 되었다. 수천 권의 책을 읽어도 인생이 나아지지 않는 이유를 말이다. 독서는 계속 집어넣기만 하는 인풋(input) 자기계발이다. 그동안 초·중·고등학교에 이어 대학까지 줄곧 인풋 자기계발을 해 왔다. 그런데도 불구하고 계속 남의 책을 읽으며 머릿속에 집어넣기만 한 것이다.

내가 알고 있는 지식과 경험, 인생의 깨달음이 담긴 책을 펴내면서 진짜 자기계발은 책쓰기라는 것을 알게 되었다. 책을 쓰는 일은 아웃풋(output) 자기계발이다. 그동안 머릿속에 집어넣은 것들을 끄집어내어 책 속에 담는 창조적 작업이다. 자신이 알고 있는 것들을 텍스트로 한 문장씩 써 내려갈 때 지식과 정보, 경험, 깨달음이 정리가 된다. 그러한 것들이 비로소 지적 자산이 되는 것이다. 보이지 않는 지적 자산이 얼마나 가치가 있는지 깨닫게 된다. 내가 책쓰기를 '자기계발의 끝'이라고 말하는 이유다.

● 많은 독서를 하더라도 진정한 깨달음을 얻을 수 없다

대부분 목적 없는 독서를 한다. 어느 특정 주제를 정해서 그것을 깊이 있게 배우거나 연구하기 위한 목적이라기보다 책이라도 읽어야 하지 않을까 하는 불안감에 독서를 하는 것이다. 그러다 보니 베스트셀러 위주로 읽게 되고 그마저도 끝까지 읽지 못하고 중간에 책장을 덮고 만다. 결과적으로 시간과 에너지, 돈 낭비만 하는 꼴이다.

남이 쓴 책에는 남의 스토리가 담겨 있다. 아무리 많은 독서를 하더라도 진정한 깨달음을 얻을 수 없다. 진정한 깨달음에는 반드시 체험이라는 과정이 필요하기 때문이다. 그래서 남의 스토리에서는 잠시 재미나 즐거움 정도만 얻게 된다. 작가의 경험을 통한 깨달음을 깊이 새기지 못한다. 계속 비슷한 시행착오를 겪거나 현실이 좀처럼 나아지지 않는 이유다. 힘들게, 고통스럽게 살기에 우리 인생은 너무나 소중하다.

절대 책만 읽는 바보가 되어선 안 된다. 남의 지식

과 정보를 암기하듯 하는 인풋 자기계발을 해선 안 된다는 말이다. 사람들이 이렇다 할 꿈도 없이 공무원, 공기업, 대기업 직원으로 근무하며 중년을 맞는 것도 인풋 자기계발만 한 탓이다. 집어넣는 자기계발은 남들과의 경쟁에서 이기기 위한 스펙을 쌓도록 도움을 줄 뿐이다. 평생을 비슷한 부류들과 경쟁만 하게 된다. 한 번뿐인 소중한 인생을 살아남기 위한 싸움만 하다가 마치는 것이다. 이보다 더 어리석은 인생은 없다고 생각한다.

● 가슴이 시키는 그 일을 하라

더 나은 인생, 최고의 인생을 살기 위해 먼저 전제되어야 할 것이 있다. 가장 중요한 나 자신이 어떤 존재인지, 앞으로 무엇을 하며 살고 싶은지, 어떤 가치를 지닌 사람인지에 대해 깨달아야 한다는 것이다.

나 자신이 어떤 존재인지에 대해 깨닫는 순간 스스로를 바라보는 관점과 세상을 바라보는 관점이 달라진다. 그동안 자신의 몸값은 회사가 매긴 3,000만 원가량의 연봉으로 생각하고 있었지만 이제부터는 스스로 매기게 된다. 100억, 1,000억, 50조 원의 가치가 있다고 여기게 된다. 진짜 인생을 살기 위해 모든 뇌세포를 가동하기 시작한다. 자신에게 어떤 강점이 있는지, 다른 사람들에 비해 어떤 면이 월등한지, 가장 잘하는 것은 무엇인지 등에 대해 생각하게 된다. 결국 내면이 시키는 그 일을 하게 된다.

지금 자신의 현실이 썩 마음에 들지 않는다면 자기계발 방법을 바꿔 보자. 집어넣기만 하는 인풋 자기계발에서 끄집어내는 아웃풋 자기계발을 해 보라. 우리 모두에게는 결코 돈으로 환산할 수 없는 엄청난 잠재적 가치가 있다. 그것을 끄집어낼 때 그동안 상상도 못했던 큰일을 해내게 된다.

책을 쓰면 다음과 같은 10가지 유익한 점이 있다.

첫째, 보이지 않던 꿈이 명확해진다.

둘째, 삶의 우선순위를 정하게 된다.

셋째, 학벌을 위한 공부를 하지 않게 된다.

넷째, 자신만의 천재적인 재능을 발견하게 된다.

다섯째, 책을 펴내는 순간, 독자에서 저자의 위치로 신분 상승

하게 된다.

여섯째, 부정적인 사고에서 긍정적인 사고로 전환하게 된다.

일곱째, 책 출간이라는 평생의 꿈이 실현된다.

여덟째, 자존감이 높아진다.

아홉째, 가족과 친척, 친구들, 동료들로부터 찬사를 듣게 된다.

열째, 자식들에게 삶의 지혜를 유산으로 물려줄 수 있다.

남의 책을 습관적으로 읽는 독서, 인풋 자기계발은 아무리 해도 끝이 없다. 갈증을 해소하기 위해 마신 바닷물이 더 심한 갈증을 부르는 형국이다. 소중한 시간과 에너지, 돈만 낭비하게 할 뿐이다. 지금부터는 당신이 살아오면서 알게 되고 깨닫게 된 것들을 종이에 써서 책으로 펴내 보라.

내 이름으로 된 책이 세상에 나오는 순간 치열한 스펙 인생에서 벗어나 나 자신과 경쟁하는 스토리 인

생으로 갈아타게 된다. 당신이 알고 있는 지적 자산을 다른 사람들에게 공유함으로써 그들은 당신과 같은 시행착오를 겪지 않도록 도우며 고수익까지 올릴 수 있다. 이것이 바로 '배움을 돈으로 바꾸는 기술'이다.

당신은 세상에서 가장 소중한 사람이다. 가장 특별한 사람이다. 끝이 보이지 않는 인풋 자기계발에서 벗어나 아웃풋 자기계발을 함으로써 당신의 가치를 고귀하게 빛나게 해야 한다.

12

월급 받아
억만장자가 된
사람은 없다

월급 받아 억만장자가
된 사람은 없다

잠자는 동안에도 돈이 들어오는 방법을 찾아내지 못한다면
당신은 죽을 때까지 일을 해야만 할 것이다.
_워런 버핏

● 가난한 사람들이 평생 가난을 면치 못하는 이유

가난한 사람들은 '절약'을 통해 부자가 될 수 있다고 믿는다. 안 먹고, 안 입고, 안 가고, 안 사서 아낀 돈을 저축함으로써 경제적인 문제를 해결할 수 있다고 생각한다. 하지만 이는 가난한 의식이 찾은 경제적 문제에 대한 합리화일 뿐이다. 절약만으로는 절대 경제적인 문제를 해결할 수 없다. 부는 꿈도 꿀 수 없다. 보통 직장인들의 수입에는 한계가 있고, 절약하는 것

역시 한계가 있기 때문이다. 허리띠를 졸라 절약을 하다가 결국 자유, 풍요와 거리가 먼 삶을 살게 된다.

주위에 무조건 아끼기 위해 노력하는 사람들이 많다. 특히 어린 시절 가난한 부모 밑에서 자란 사람일수록 그 정도가 심하다. 모임에 참석하게 되면 자신이 먼저 밥값을 내기는커녕 누가 대신 밥값을 내 주지 않을지 눈치를 살핀다. 누군가 밥값을 내면 마치 큰돈을 번 것처럼 기쁨마저 느낀다. 자신은 가난해서 남들보다 더 아껴야 한다는 생각에 계속 얻어먹는 생활을 하게 되는 것이다. 가난한 사람들이 대부분 평생 가난을 면치 못하는 이유다.

절약을 통해 부자가 된 이들은 별로 없다. 있다고 하더라도 거부(巨富)가 아닌 작은 건물주 정도에 지나지 않는다. 이들은 보통 사람들에 비해 재산은 좀 더 많을지 모르지만 자린고비 습관이 몸에 배어 있는 탓에 생활수준은 형편없다. 아껴서 자산을 모았기 때문에 계속 아끼지 않는다면 지금의 자산이 사라질지 모른다는 생각에서다. 자산을 불리는 방법으로 절약밖에 알지 못하기 때문에 습관적으로 아끼게 되는 것이다.

● 나의 몸값이 바로 부를 끌어당기는 수단이다

부자들은 절약이 아닌 '투자'를 통해 부를 쌓을 수 있다고 생각한다. 투자에는 내 몸값을 올리는 투자와 종잣돈을 굴려 목돈을 만드는 투자가 있다. 자신의 몸값이 현재 연봉 3,000만 원일 경우 좀 더 나은 조건의 회사로 이직하는 것보다 현 직장에 몸담고 있는 지금 자기계발을 통해 몸값을 10배로 올린다면 자연히 수입은 연봉의 10배가 된다.

시간이 갈수록 몸값은 오르게 되고 자산은 쌓이게 된다. 부자들이 바쁜 와중에도 꾸준히 책을 읽고 자신보다 더 잘나가는 사람들과 어울리며 공부를 하는 이유가 여기에 있다. 자신의 몸값이 바로 부를 끌어당기는 수단이기 때문이다.

내 주위에는 종잣돈을 굴려서 목돈을 만들고 그 목돈으로 땅을 사고 건물을 산 이들이 많다. 그들 가운데 수백억 원대 자산가들이 있는데 하나같이 돈을 굴려서 자산을 불린 케이스다. 평생 다 쓸 수 없는 자산을 가진 그들이지만 지금도 꾸준히 재테크와 부동산에 관한 연구와 공부를 하고 있다. 흥미로운 점은 이들은 자신이 좋아하는 물건을 사거나 취미 생활, 여행 등에는 돈을 아끼지 않는다는 것이다.

한 지인은 자동차를 일 년에 두 번 정도 바꾼다. 벤츠 S클래스를 타다가 싫증이 나면 BMW 7시리즈로 갈아타는 것이다. 보통 사람들이 보기에는 말도 안 되는 미친 행동으로 비춰진다. 반년도 안 되어 차를 바꾼다면 감가상각비가 그들의 연봉보다 더 높기 때문이다. 하지만 지인은 아랑곳하지 않고 차를 바꾼다. 그 이유는 차를 바꾸면 더 즐거운 마음으로 타고 다닐 수 있고, 마음이 즐거워야 더 일을 잘할 수 있기 때문이다. 부자들은 생활이 재미있어야 활력과 열정이 생겨나 하는 일이 더 잘된다는 것을 알고 있다.

— 2018년 3월, 동남아 크루즈 여행에서.

● 절약이란, 가진 돈을 가장 현명하게 소비하는 것이다

절약의 노예가 되어선 안 된다. 자신도 모르게 성공 가능성을 축소시키는 어리석은 사람이 되지 말아야 한다. 푼돈에 집착하다가 부호가 될 수 있는 기회를 날리게 된다. 가난한 사람들은 절약만이 부자가 되는 길이라고 믿기에 인생을 제대로 즐기지도 못한 채 평생을 빈궁하게 살아간다.

우리가 이 세상에 온 목적은 가난에 찌들어 주위 사람들의 눈치나 보며 살기 위함이 아니다. 그 반대다. 세상에 오기 전에 천국에서 계획했던 '충만한 체험'을 하기 위해서다. 진짜 하고 싶은 일들을 하려면 경제적인 부분에 얽매여선 안 된다. 경제적인 부분에서 자유로울 때 내 인생을 주도할 용기와 자신감이 생겨난다.

절약이란, 가진 돈을 가장 현명하게 소비하는 것

이다. 자신의 꿈과 비전 실현을 위해 큰돈을 쓰는 것이 가장 현명한 절약이다. 정말 하고 싶고, 배우고 싶은 일이 있다면 금액이 얼마가 지출되더라도 해야 한다. 이때 지출되는 돈은 소비가 아닌 투자이기 때문이다. 한 달에 수천만 원, 수억 원의 수입을 벌어들이기 위해선 수백만 원의 투자가 선행되어야 한다.

부자들은 돈보다 시간에 더 가치를 둔다. 인생은 시간으로 이루어져 있다는 것을 잘 알기 때문이다. 시간을 잃게 되면 모든 것을 잃게 된다. 황금보다 시간을 더 귀하게 여겨야 한다. 시간을 귀하게 여기는 사람들은 무언가를 구입할 때 돈보다 가치에 기준을 둔다. 금액이 얼마가 되더라도 자신에게 가치가 있다고 판단될 때 거침없이 쓰는 것이다.

꿈을 이루고자 하는 사람에게 가장 소중한 것은 돈이 아닌 '시간'이다. 시간은 바로 인생이다. 아무리 원대한 꿈이 있다고 하더라도 살날이 얼마 남지 않은 팔순 노인이라면? 오히려 이룰 수 없는 꿈 때문에 얼

— 절약이란, 가진 돈을 가장 현명하게 소비하는 것이다. 자신의
꿈과 비전 실현을 위해 큰돈을 쓰는 것이 가장 현명한 절약
이다.

마 남아 있지 않은 날마저 우울하게 보내게 될 것이다. 어쩌면 세상을 뜨는 날까지 인생을 낭비한 자신을 원망하게 될 것이다.

꿈이 있는 사람, 성공하고자 하는 사람들은 내 말을 새겨들어야 한다. 먼저 시간이 확보되어야 꿈을 실현할 수 있고 부를 만들어낼 수 있다. 단기간에 부자가 되고자 한다면 자신이 가고자 하는 분야에서 최고가 된 사람에게 직접 1:1 코칭을 받아야 한다. 나는 대한민국 대표 책쓰기·성공학 코치로서 수많은 사람들이 시간과 돈, 모두를 거머쥘 수 있도록 도왔다. 당신도 나에게 노하우를 전수받길 원한다면 010.7286.7232로 연락하면 된다. 월급보다 중요한 가치를 일깨우고, 스스로 인생을 주도해 나가도록 아낌없는 조언을 줄 것이다.

13

스펙 인생을
졸업하고
스토리 인생을 살아라

스펙 인생을 졸업하고
스토리 인생을 살아라

성공의 커다란 비결은 결코 지치지 않는 인간으로
인생을 살아나가는 것이다.
_알베르트 슈바이처

● 당신의 5년 후, 10년 후가 불안하지 않습니까?

당신은 혹시 공무원, 대기업 직원, 공기업 직원인
가? 과거 지금의 직장에 입사하게 되었을 때 가족과
주변 사람들의 축하를 받았을 것이다. 이제 고생 끝,
행복 시작이라는 막연한 행복에 젖어 있었을지 모른
다. 하지만 그 행복은 몇 달 가지 않았을 것이다. 당신
의 미래는 기껏해야 과장이나 팀장이라는 것을 깨닫
게 되었기 때문이다.

많은 이들이 학창시절 교과서와 문제집, 참고서와 대학 교재를 달달 외워 명문대에 들어가기 위해 노력한다. 하지만 그렇게 해서 교수가 되거나 일류 기업에 들어가거나 공무원이 되면 무엇하겠는가! 반 평도 안 되는 칸막이에 갇혀 노예 신세가 될 뿐이다.

하루 종일 창의적인 일은 고사하고 컴퓨터 모니터나 들여다보며 어제와 같은 일을 반복해야 한다. 일을 하는 목적은 자아실현이 아니라 생계를 위해서다. 의식주를 해결하기 위해 노예처럼 하기 싫은 일을 해야만 하는 것이다. 주 5일을 일하고 이틀을 쉰다. 쉬는 목적은 힐링이나 휴식이 아닌 다음 주 5일을 견뎌 내기 위해서다. 직장을 위해 목숨 걸고 살아 봤자 그 끝은 어떤가? 열정과 스펙으로 무장한 젊은 후배들에 밀려 권고사직이나 명예퇴직하게 될 뿐이다.

세상이 바라는 '스펙 인생'을 걸어서 안 된다. 갈수록 치열해질 뿐 아니라 진정한 자유와 행복을 누리지 못한다. 스펙 인생을 졸업하고 '책'을 쓰고 '강연'하고

'코칭'하는 '스토리 인생'을 살아야 한다. 스토리 인생을 살 때 우리는 지구별에 온 소명을 다하게 된다.

당신이 지구별에 온 목적은 남의 밑에서 부당한 대우를 받아가며 노예처럼 혹사당하기 위해서가 아니다. 당신이 세상에 온 이유는 당신만의 특별한 체험을 하기 위해서다. 당신만 할 수 있는 충만한 체험 말이다. 당신이 진정 누구인지 기억해 내고 어떤 굉장한 일을 해낼 수 있는지 스스로를 증명해 내기 위해 지구별에 온 것이다. 그러기 위해선 끝이 암울한 스펙 인생보다, 시간이 지날수록 가능성과 영향력이 커지는 스토리 인생을 살아야 한다.

● 평범한 인생에서 벗어나 비범한 인생을 살아라!

한 번뿐인 인생을 가치 있게, 행복하게 살고 싶은가? 그렇다면 평범함에서 벗어나야 한다. 평범하다는 것은 아침 6시에 일어나 콩나물시루 같은 지하철을 타고 출근한 후 여덟 시간을 반복적인 일만 하며 회사에 묶여 있다는 뜻이다. 평범하다는 말은 월요일부

— 한 번뿐인 인생을 가치 있게, 행복하게 살고 싶은가? 그렇다
면 평범함에서 벗어나야 한다.

터 금요일까지 혹사당하며 주말을 기다리는 현대판 노예가 된다는 뜻이다. 월급을 아껴 자린고비처럼 살며 10퍼센트씩 저축한다는 것이다. 언젠가는 장밋빛 미래가 오리라는 막연한 기대감으로 살아간다는 것이다. 평범하다는 말은 현대판 노예로 살아간다는 뜻이다.

출·퇴근길, 버스나 지하철에서 직장인들의 모습을 살펴보라. 그들의 모습은 마치 넋이 나간 좀비들과 흡사하다. 하루 종일 일에 치이고 사람에 치여 영혼을 잃어버린 듯하다. 다른 말이 필요 없다. 그냥 가엾고 불쌍하다는 생각만 든다.

이들이 한 달 동안 영혼을 팔아서 번 돈은 고작 200만~300만 원 남짓이다. 이들을 고용한 고용주 입장에선 단돈 200만~300만 원으로 그들의 소중한 영혼을 샀다는 뜻이 된다. 문득 이런 의문이 든다. 사람을 사고파는 것은 불법이지만 영혼을 사고파는 것은 합법이라는 말인가?

당신보다 더 가치 있고 소중한 것은 없다. 결코 직

장에 목매는 현대판 노예로 살아선 안 된다. 푼돈과 현재의 시간을 맞바꿔선 안 된다. 시간을 잃는다는 것은 미래를 잃는 것과 같다. 지금 이 순간에도 시간은 죽음을 향해 째깍째깍 달리고 있다. 죽음이라는 블랙홀이 우리를 죽음으로 끌어당기고 있다. 1분 1초가 너무나 소중하다. 그런데 남이 만든 기업의 직장인이나 공무원 신세로 부당한 지시를 받아가며 인생을 낭비하는 것이 현명한가!

사람들은 부자가 되어 자유를 만끽하며 원하는 인생을 사는 꿈을 꾼다. 하지만 대부분이 평생을 가난하게 살다가 죽는다. 세상을 떠날 때 자신이 이렇게 죽을 줄 몰랐다는 생각에 후회만 가득하다.

이렇게 살다가 죽는 이유는 '직업' 때문이다. 직업은 당신의 시간과 열정과 노력을 잡아먹는 하마다. 얼마 되지 않는 돈을 벌기 위해 직업에 소중한 시간을 허비하고 있다. 아이러니하게도 직업은 사람들의 삶의 질을 향상시켜 주는 것이 아니라 교묘하게 현대판 노예로 전락시켜 자유를 빼앗는다. 직업을 가지고 있다는 것은 노예가 되어 열정과 시간과 노력을 착취당하고 있다는 것이다. 그래서 부자들은 모두 직업이 아닌 자신의 사업체를 가지고 있다. 그들이 부를 쌓을 수 있었던 비결은 월급을 저축해서가 아닌 사업을 했기 때문이다.

더 이상 현대판 노예로 살아선 안 된다. 당신의 영혼은 주말보다 더 소중하다. 스펙 인생에서 벗어나 당신의 스토리를 책으로 펴내 저자, 강연가, 사업가로 살아야 한다.

인도나 서행차선을 달리는 평범한 삶은 '현대판 노예'와 같다. 한 살이라도 젊고 머리카락이 한 올이라도 더 남아 있을 때 미리 준비해야 한다. 준비하지 않으면 프로스트의 말대로 하루에 여덟 시간씩 일하다가 사장으로 승진하여 하루에 열두 시간씩 일하게 된다.

꿈이 있는 사람은
—— 김도사

꿈이 있는 사람은

깜깜한 밤 속에서도 두려워하지 않는 양치기와 같다네.

꿈이 있는 사람은

빛 가운데 서 있는 사람이지만

꿈이 없는 사람은

어둠 속에 서 있는 사람이라네.

빛 가운데 서 있는 사람은 보이나

어둠 속에 서 있는 사람은 보이지 않는다네.

사람들은 뜨거운 여름날,

추운 겨울을 떠올리고

추운 겨울날, 무더운 여름을 떠올린다네.

그렇듯 지금의 시련과 바쁜 일상이

먼 훗날의 공허한 행복 속에서

애타게 찾을 그리움일 수 있다네.

추운 겨울을 견뎌 낸 꽃이 아름답듯이

진정한 행복의 주인은

자신의 한계를 넘나드는 당신이라네.

14

나의

롤 모델은

예수님이다

나의 롤 모델은
예수님이다

자신이 될 수 있는 존재가 되길 희망하는 것이 삶의 목적이다.
_신시아 오지크

● 당신에게는 롤 모델이 있습니까?

　당신의 롤 모델은 누구입니까?

　해외에서도 나에게 책 쓰는 비법과 성공학을 배우기 위해 찾아오고 있다. 나는 그들에게 내가 알고 있는 비법을 알려 주는 코치로 활동하고 있지만 나 역시 시련에 처하곤 한다. 이때 내가 조언을 구하고 기댈 수 있는 분이 바로 예수님이다.

　예수님은 겉만 치장하고 내면은 사악한 바리새인

(위선자)들을 독사 새끼라고 비유했다. 그들을 향해 "이 뱀들아, 독사의 새끼들아! 너희가 지옥의 형벌을 피하겠느냐!"라며 대놓고 꾸짖었다. 예수님이 안식일에도 신들린 자, 병든 자, 앞 못 보는 자, 죽은 자를 고치고 살리자 바리새인들은 안식일에 그러한 일을 한다며 트집 잡고 음해하려 했다. 예수님은 그들을 향해 이렇게 질책했다.

"만약에 안식일에 너희 어린양이 구덩이에 빠졌는데, 안식일이라 구하지 않겠느냐?"

나는 예수님의 신념을 통해 사람들을 가르치는 코치로서 어떻게 살아야 하는지 깊게 생각할 수 있었다. 예수님은 절대 불의와 타협하는 법이 없었다. 자신이 믿는 것에 대해선 목에 칼이 들어와도, 사람들의 모욕적인 언행에도 흔들리지 않았다.

예수님은 애정으로 키우고 자신이 가진 권능까지 부여해 준 12명의 제자들에게 버림받는 고통을 겪게 된다. 유다에 의해 은 30세겔에 대제사장과 장로들에게 팔아넘겨졌고, 그들 앞에서 극심한 고초를 당하면서 베드로에게는 세 번이나 스승인 자신을 모른다며 부인 당했다. 다른 제자들 역시 같은 모습을 보이며 예수님을 버리고 뿔뿔이 흩어졌다. 결국 예수님은 스스로를 '신'이라고 지칭한 것에 대한 바리새인들의 고발로 인해 신성모독죄로 십자가형으로 세상을 떠나게 된다. 하나님의 아들인 그는 결국 하나님을 믿는 사람들의 손에 의해 죽게 된 것이다.

● 일어나야 할 일은 일어나게 하라

나는 9년간 1,000명의 평범한 사람들을 단 몇 개월 만에 작가, 코치, 컨설턴트, 사업가로 만들었다. 그들 가운데 나에게 감사함을 전하는 사람들이 있는가 하면, 소수이지만 앞에선 감사함을 표하면서 뒤로는 악의적으로 허위사실로 음해하는 이들도 있다. 나는 그런 상황을 접할 때면 속이 쓰리면서 목으로 신물이 올라온다. 그런 그들이 작가가 되도록 도와준 나 자신과 그런 행동을 한 그들이 원망스럽다.

한편으로 이러한 일들은 내 힘으로 어떻게 할 수 없는 일임을 깨닫게 된다. 예수님이 생전에 제자들의 발을 씻겨 주는 등 사랑으로 그들을 대했지만 결국은 버림받은 것과 같은 맥락이다. 예수님이 십자가형으로 고통스럽게 돌아가셨기에 지금처럼 세상에 복음이 전파될 수 있었다. 나에게 오는 시련 역시 그러한 것이라고 믿는다. 나는 시련에 처해 좌절하고 절망하는 사람들에게 짧게 말한다.

"일어나야 할 일은 일어납니다. 결코 아무도 막지 못합니다. 다만 이 일을 통해 배울 수 있습니다. 분명 지금의 시련이 더 큰사람이 되도록 해 줍니다."

일어나야 할 일은 무조건 일어나게 되어 있다. 그 일이 일어나지 못하게 막기 위해 시간과 에너지를 낭비해선 안 된다. 그 일이 일어나도록 두고 그 일에서 교훈을 얻어야 한다.

● 가난한 사람들의 공통점은
닮고 싶은 롤 모델이 없다는 것이다!

롤 모델이 없는 사람들의 롤 모델은 '평범한 사람들'이다. 그들은 그냥 평범하게 살아가는 것이 목표다. 평범하게 살기 위해 악착같이 노력한다. 평생을 메뚜기처럼 이 직장, 저 직장 뛰어다니며 허리 한번 펴 보지 못한 채 살다가 결국은 갑작스레 닥친 겨울 한파에 얼어 죽는다.

한 달 벌어 한 달 먹고사는 비루한 인생, 상사의 부당한 지시에도 아무런 거부도 못한 채 일하는 '사축'의 인생에서 벗어나기 위해선 먼저 '나도 저 사람처럼 되고 싶다!'라는 욕망이 있어야 한다. 그러기 위해서는 닮고 싶은 롤 모델을 찾아야 한다. 롤 모델은 자신의 꿈을 이루고 세상에 선한 영향력을 펼치는 사람이어야 한다. 크게 성공한 사람으로 정해야 한다. 크게 성공한 사람을 따라 한다면 그의 반 정도만 이루더라도 결과적으로 크게 이루게 된다.

우리는 천국에서 나만의 특별한 체험을 하기 위해 이 땅에 오기로 결정했다. 천국의 '상영의 방'에서 미리 자신이 다음 생(生)에선 어떤 삶을 살고 싶은지, 어떤 체험을 하고 싶은지, 어떤 사람들과 관계하고 싶은지 등에 대해 충분히 생각한 후 자신에게 맞는 부모님을 모니터링했다. 내가 원하는 체험을 하기 위해 어떤 부모님이 적합한지 수많은 부모들을 미리보기로 보고 나서 한 부모를 택했다. 그 부모의 미래가 어떻게 흘러가는지, 어떤 시련과 역경에 처하게 되는지, 언제 돌아가시는지 모니터링하고 부모를 선택한 것이다. 선택한 부모가 아기를 임신하고 6개월쯤에 우리의 영혼은 아기의 육체 속으로 들어가 세상에 오게 된 것이다.

　우리는 천국에서 체험하기로 한 '그 일'을 해야 한다. 나는 살아오면서 보통 사람들은 겪기 힘든 일들을 여러 차례 겪었다. 2년제 전문대학 출신으로 이 무런 스펙이 없었던 나는 그동안 헤아릴 수 없을 만큼 자살을 꿈꾸곤 했다.

— 우리는 천국에서 나만의 특별한 체험을 하기 위해 이 땅에
　오기로 결정했다.

● 나는 예수님을 롤 모델로 삼아 그대로 따라했다

내 인생에서 가장 힘든 시기는 28세 때 갑작스레 아버지가 음독으로 돌아가시고 그로 인해 거액의 빚 유산을 받았던 일이다. 그리고 내가 키우는 강아지 땅콩이에게 하반신 마비가 왔던 일이 있었다. 7월의 비가 억수같이 내리던 날 오전에 전북대학교 동물병원에 땅콩이를 입원시키고 대구로 돌아가는 고속도로에서 빗길에 미끄러져 차가 가드레일에 수차례 부딪혀 반파되기도 했다. 이 외에도 나에게는 보통 사람들은 감당하기 힘든 일들이 있었다.

나는 그 일들을 이겨 내는 과정에서 소명을 찾을 수 있었다. 이 시련들이 일어나기 전에 나의 소명은 막연하게 느껴졌다. 해도 되고 안 해도 되는, 의미가 크지 않은 것이었다. 시련을 겪으며 하나님이 나를 예수님처럼 사람들을 구원하는 메신저로 키우기 위해 예비하신 트레이닝 과정이라는 것을 비로소 깨닫게 되었다.

나의 롤 모델은 예수님이고 멘토는 하나님이다. 예수님이 이 땅에서 행하신 모습들을 보며 나도 똑같이 살아가고 있다. 시련 속에서 나의 소명의 뿌리는 더 깊게 내렸다. 나는 힘든 일이 있으면 사람들에게 답을 구하지 않고 하나님에게 구한다. 사람은 완벽하지 않지만 하나님은 완벽한 분이기 때문이다.

내가 이만큼 성공한 것은 예수님을 롤 모델로 삼아 그대로 따라 했고, 시련에 처할 때마다 하나님에게 답을 구했기 때문이다. 나는 아무리 큰 욕망을 가지더라도 전혀 부끄럽지 않다. 내가 바라는 것을 하나님도 바라신다는 것을 깨달았기 때문이다.

하나님은 지금도 당신에게 말씀하신다.

"나는 네가 원하는 것을 원한다!"

15

꿈이 실현될 때까지
절대로 취소 버튼을
누르지 마라

꿈이 실현될 때까지
절대로 취소 버튼을 누르지 마라

마음을 위대한 일로 이끄는 것은 오직 열정, 위대한 열정뿐이다.
_드니 디드로

● 꿈이 실현되기까지 버퍼링 시간이 존재한다

대부분의 사람들은 꿈을 실현하지 못한 채 무덤이나 납골당으로 향한다. 결과로만 따진다면 그들이 지구별에 온 목적은 사축이나 노예가 되어 직장에서 일만 하기 위해서다. 정말 비극적인 삶이라는 생각이 든다.

당신이 직장생활을 하는 이유는 무엇인가? 나는 직장생활을 할 때 목숨 연명과 꿈 실현을 위한 자기계

— 2019년 12월 26일 중앙일보 후원 〈2019 올해의 우수브
랜드 대상 책쓰기 코칭 부문 1위〉 수상 후 포즈를 취하고
있다.

발 비용을 벌기 위해 일하는 것이라고 생각했다. 꿈을
이루기 전까지 거치는 모든 직업들을 '아르바이트'라
고 여겼다. 그래서 쥐꼬리만 한 월급을 받아도 불만이
생기지 않았다. 오히려 내가 라면이라도 먹고 지속적

인 자기계발을 할 수 있게 해 준 회사에 감사함을 느꼈다. 내가 가진 꿈들은 무조건 실현된다고 믿었기 때문이다. 다만 그 꿈들이 실현되기까지 버퍼링 시간이 걸린다는 것을 알기에 어떻게든 살아남으려 노력했다.

나는 과거 꿈꾸었던 모든 것들을 이루었다. 베스트셀러 작가, 강연가, 성공학 코치, 동기부여가, TV와 라디오 출연, 책쓰기 코치, 교과서 글 수록, 해외 저작권 수출, 한책협 설립 등… 지금도 계속 과거 내가 원했던 것들이 하나씩 실현되고 있다.

사람들은 꿈이 당장 실현되기를 바란다. 그 꿈을 실현하기 위한 노력은 하지 않은 채 말이다. 예를 들면 어떤 성공자가 "꿈을 가지세요. 그 꿈은 반드시 이루어지게 되어 있습니다."라는 말을 했다고 하자. 그의 말에는 간절한 꿈을 가지고 그 꿈이 실현되도록 부단히 노력하면 이루어진다는 뜻이 담겨 있다. 그런데 사람들은 꿈을 가지면 아무런 노력 없이 저절로 이루어진다고 생각한다. 그 결과 자신이 원하는 것을 실현하기 위해 시간과 에너지를 얼마간 투입하다가 예상했던 시간에 실현되지 않으면 포기하게 된다. 꿈은 아무나 이룰 수 없다고 푸념하며 직장인 마인드로 살아가는 것이다.

"꿈이 실현되기까지 어느 정도의 시간이 소요됩니다. 그때까지 절대 취소 버튼을 누르지 마십시오."

PC나 스마트폰으로 무언가를 다운받으려면 버퍼링 시간이 필요하다. 용량이 크다면 버퍼링 시간 역시 늘어나게 된다. 마찬가지로 당신이 어떤 꿈을 생각하고 실현하기로 마음먹었다면 조급한 마음을 버려야 한다. 당장 실현되지 않는다고 해서 좌절하거나 실망해선 안 된다. 꿈이 실현되려면 당신의 의식과 잠재의식이 함께 '꿈'에 집중해야 한다. 그러할 때 당신이 가진 꿈과 우주의 주파수, 채널이 일치되다 채널링[가속된 입자나 이온이 원자로 등에서 매질(媒質)을 투과할 때 결정 격자 사이의 통과 능력]이 되는 것이다. 채널링을 통해

당신이 바라는 것이 물질세계(현실)에 나타나기 시작한다. 꿈이 보이지 않는 세계에서 현실세계로 나타나기까지 버퍼링 시간을 견뎌야 한다.

많은 사람들이 버퍼링 시간을 견디지 못한 채 중간에 그만둔다. 버퍼링을 취소하는 것이다. 자신이 이루고자 하는 꿈에 대한 확신과 믿음이 있다면 절대 취소 버튼을 누르지 않는다. 취소 버튼을 눌렀다는 말은 애초에 그 꿈이 자신의 것이 아니기 때문이다.

내가 사람들에게 말하는 '늦게 시작해서 크게 성공하는 5가지 비결'이 있다.

첫째, 확고한 꿈을 정한다.

둘째, 우주의 법칙을 공부한다.

셋째, 꿈은 이미 이루어졌다고 믿는다.

넷째, 꿈이 현실에 나타나기까지 버퍼링 시간을 견딘다.

다섯째, 꿈이 실현되었을 때 느끼게 될 감정을 생생하게 느낀다.

꿈을 실현하는 방법은 간단하다. 나는 이러한 비결로 보통 사람들은 상상도 못하는 꿈들을 실현했다. 이대로 지속적으로 실행한다면 꿈은 현실로 나타나게 된다. 내가 조언하는 대로 그냥 믿고 실행해 보자. 당장 믿고 실행하느냐, 하지 않느냐에 당신의 미래가 결정된다.

"꿈이 우주에서 물질세계에 나타나기까지의 버퍼링 시간을 견디십시오. 꿈이 실현될 때까지 절대로 취소 버튼을 눌러선 안 됩니다."

꿈이 실현되기 직전에 취소 버튼을 누르는 이들이 있다. 해뜨기 전이 가장 어둡고, 식사를 하기 전이 가장 배가 고픈 법이다. 꿈 역시 마찬가지다. 꿈을 위해 시간과 에너지를 투입하는 과정에서 가장 견딜 수 없이 힘든 순간은 꿈이 실현되기 전이다. 이때 대부분 '조금 더' 인내하지 못하고 옆길로 새고 만다.

자신이 원하는 삶을 창조하고 싶다면 절대 가난한 사람과 부정적인 사람들과 어울려선 안 된다. 이들은 끈질기게 당신이 꾸고 있는 그 꿈이 허황된 꿈이라고 이해시키려고 한다. "어릴 때나 꿈 타령이지, 나이 들어 무슨 꿈이야!", "나도 한때 꿈을 이루겠다고 노력한 적이 있었지. 그런데 아무리 노력해도 안 되더라구. 차라리 그 시간에 직장생활에 충실했더라면 지금쯤 과장으로 승진했을 텐데." 하는 식이다.

　그들은 포기하지 않고 당신이 꿈을 포기하도록 설득하고 강요한다. 그들의 말에 귀 기울이는 순간 당신의 꿈은 정말 그들의 예언대로 되고 만다. 나의 꿈을 방해하는 가난한 사람, 부정적인 사람들에게 단호하게 경고할 수 있어야 한다.

　"나의 꿈을 방해하지 마라!"

　"네 일에나 신경 써라!"

　"썩 꺼져라!"

후원 | ⓙ 중앙일보   주최 | JYnetwork

2019

올해의 우수브랜드 대상 1위
This Year's Exellent Brand Award

책쓰기 코칭
한국책쓰기1인창업코칭협회

귀 사는 한 해 동안 우수한 품질과 서비스를 통해
고객 만족을 실현하고 기업과 소비자의 상생을 추구하며,
높은 브랜드 가치를 인정 받아
중앙일보가 후원하는 "2019 올해의 우수브랜드 1위"에
선정되었기에 인증서를 수여합니다.

(주)한책협
COMPANY

김 도 사
NAME

2019 올해의 우수브랜드 대상 1위

2019년 12월 26일

- 영혼의 진보는 꿈을 이루는 과정에서 이루어진다.

우리가 지구별에 온 목적은 목숨 걸고 직장생활을 하기 위해서도, 결혼해서 아이를 낳아 지지고 볶으며 살기 위해서도 아니다. 사람들에게 온갖 무시와 멸시를 당하기 위해서도 아니고, 경제적 어려움에 시달리며 운명을 저주하기 위해서도 아니다.

우리가 지구별에 온 진짜 목적은 천국에서 계획했던 체험을 하기 위해서다. 그 체험을 통해 영혼의 진보를 이루기 위함이다. 영혼의 진보는 꿈을 이루는 과정에서 이루어진다. 실패와 성공 경험을 통해 우주와 세상에 선한 영향력을 발휘하기 위해서다. 우리는 저마다 '우주의 조각가'다. 꿈이 실현될 때까지 절대로 취소 버튼을 눌러선 안 된다.

천국처럼 살다가 천국으로 가라

—— 김도사

성공의 비밀은 끌어당김에 있다.

우주에서 내가 필요로 하는 것을 끌어오는 것이다.

성공자들은 자신이 무엇을 원하는지 정확하게 알고 있었다.

그래서 매 순간 3가지를 실천한다.

종이에 적고,

생생한 느낌을 담아 상상하고,

이미 그것이 이루어진 것처럼 행동하는 것.

끌어당김의 법칙은 비물질세계에 존재하는 것을

물질세계에 나타나게 하는 시크릿, '영적인' 도구이다.

당신이 누리고자 하는 모든 것들은

이 영적인 도구에서 비롯된다.

끌어당김의 법칙을 활용하는 사람은

시간이 갈수록 자신의 꿈과 닮아간다.

신이 허락한 최상의 삶을 누리며

천국처럼 살다가 천국으로 가게 된다.

그런데 불행히도 너무나 많은 사람들이

눈부신 미래보다는 자신의 힘든 현실을 탓하며
성공은 특별한 사람들만의 것이라고 착각한다.
이제 그만, 이런 정신 나간 소리는 당장 집어치워라!
우리는 천국에서 지구로 올 때
이미 모든 지혜를 갖고 왔다.
다만 잠재의식 속에 담겨 있기에
쉽게 인식할 수 없을 뿐이다.
매일 꾸준히 특정한 곳에서
명상이나 사색, 독서를 한다면
분명 천국에서 가져왔던 지혜를 다시 기억해 낼 수 있다.

인생에서 일어나는 모든 일들은 절대 우연히 일어나지 않는다.
길가에 자라는 풀 한 포기,
아무렇게나 널브러져 있는 돌멩이들,
오늘 출근 시간에 일어났던 교통사고,
몇 년 만에 걸려온 친구의 전화,
우리 몸의 머리카락과 세포 분열까지
철저한 우주의 법칙에 의해 존재하고 일어난다.
우주의 법칙을 제대로 알고 활용한다면
적은 힘으로 원하는 것들을 현실에 불러올 수 있다.

우주의 원리, 끌어당김의 법칙을 공부하라.

끌어당김의 법칙은,

당신이 어떤 것을 좋아하든, 나쁘게 생각하든,

원하거나 원하지 않거나 그런 것에는 반응하지 않는다.

그저 당신이 지금 하고 있는 생각에 응답할 뿐이다.

지금 잔뜩 쌓인 고지서들을 보고 불안해한다면

바로 그 신호가 우주에 송신된다.

자신의 꿈 실현이 불가능하게 여겨진다면

우주는 불가능하게끔 사건을 일으킨다.

우주는 당신이 느끼고 있는 감정 주파수와

동일한 사건들을 안겨 준다는 것을 명심하라.

항상 좋은 것, 기쁜 것, 행복한 것, 아름다운 것들만 떠올려라.

자신이 소망하는 것을 이미 가졌다고 상상하라.

뇌는 그것을 실현하기 위해 모든 수단을 동원한다.

뇌는 우주에 가득한 다양한 영감을 끌어당기거나

소망을 에너지, 주파수 형태로 바꿔

우주로 내보내는 역할을 하는 송수신 장치이다.

끌어당김의 법칙을 습관화할 때

기대하지 않았던 좋은 일들이 연이어 찾아오는 것은 이 때문이다.

소망을 보다 빨리 실현하고 싶다면
자신이 진정으로 갈망하는 것들을 정확하게 우주에 요청하라.
뇌는 주인이 소망하는 것을 단기간에 실현하기 위해
우주에 있는 영감과 기회를 끌어당기기 시작한다.

반드시 기억하라!
우주는 당신이 원하는 것이든, 원치 않는 것이든
상관없이 항상 당신이 생각하고 있는 대상과
같은 것을 돌려준다.
매 순간 갖고 싶은 것,
되고 싶은 것,
하고 싶은 것들을 떠올려라.
이미 이루어진 것처럼 살아라.
지금 당신이 생각하고 있는 것은
얼마 후 현실에 모습을 드러내게 된다.

16

경험을
돈으로 바꾸는
비결을 배워라

경험을 돈으로 바꾸는
비결을 배워라

진정 부유해지고 싶다면 소유하고 있는 돈이
돈을 벌어다 줄 수 있도록 하라.
_존 데이비슨 록펠러

● 당신은 경험을 돈으로 바꾸는

비결을 알고 있습니까?

경험을 돈으로 바꾸는 비결을 모른다면 평생 다른
사람에게 지시를 받아가며 일해야 한다. 죽어라고 일
해 봤자 돌아오는 건 온갖 무시와 멸시뿐이다. 나는
지식과 경험, 나만의 해결책을 돈으로 바꾸는 비결을
알고 있다. 그래서 내 경험을 사람들에게 전달하고 큰
수입을 올리고 있는 것이다. 과거 내가 겪었던 문제들

을 많은 이들이 겪고 있다. 그들에게 있어 나의 인생 경험은 보석보다 더 가치가 있다. 그들이 큰돈을 주고서라도 나를 만나려고 하는 이유다.

거의 모든 사람들이 교과서에나 나오는 성공 패턴을 따른다. 열심히 공부해 좋은 대학에 들어가고 졸업후 공무원이 되거나 대기업 직원이 되는 그런 패턴 말이다. 이런 말도 안 되는 성공 패턴이 안 그래도 짧은 인생을 더 짧게 만든다.

당신은 초·중·고등학교에서 12년을 보내고, 그다지 도움이 되지 않는 학위를 따느라 다시 대학에서 수천만 원을 쓰며 몇 년의 세월을 낭비하지 않았는가? 하고 싶은 것, 가고 싶은 것 참아가며 얻은 것이 고작 공무원이나 대기업 직원이란 말인가? 공무원이고 대기업 직원이면 무엇하는가! 반 평도 안 되는 공간에서 상사로부터 부당한 지시를 받아가며 온갖 무시와 멸시를 참아내야 하는 사축, 노예와 같은 삶을 살고 있는데 말이다.

모든 사람들의 경험은 소중하다. 누구나 인생을 살면서 숱한 어려움을 겪는다. 그 과정에서 알게 되었거나 깨달은 나만의 해결법이 있다. 그 해결법을 찾기까지 많은 생각과 고민, 좌절과 절망의 시간들이 담겨 있다. 경험이 그 무엇보다도 가치 있는 이유다.

수많은 사람들이 내가 겪은 문제를 겪고 있다. 취업 진로 문제, 사춘기 자녀와의 소통 문제, 과거 상처에서 오는 고통 문제, 연애 문제, 부부 문제, 빚 상환 문제, 인간관계 문제, 알코올 중독 문제 등 다양하다.

만일 지금 자신이 처한 문제에 대한 해결책을 알려 주는 사람이 있다면 어떨까? 얼마를 주더라도 도움을 받고 싶은 심정일 것이다. 그렇다. 이런 사람들에게 내가 경험한 스토리와 해결법을 제공하며 그 가치에 맞는 비용을 받으면 된다. 절대 공짜나 헐값에 제공해선 안 된다. 그렇게 한다면 당신의 인생 경험은 노점상에서나 파는 싸구려 정도로 가치가 떨어지기 때문이다.

● 경험을 돈으로 바꾸는
비결을 배워야 한다

나는 매일 오전 스타벅스에서 우주의 법칙이 담긴 책을 읽는다. 책을 읽다가 문득 고개를 들어 보면 스펙 쌓기 공부를 하거나 공무원 시험을 준비하는 이들을 심심찮게 볼 수 있다. 안타까운 생각이 앞선다. 노예 같은 생활을 하는 그들의 미래가 그려지기 때문이다. 스펙은 '스팸'이다. 많이 먹을수록 해롭다.

경험을 돈으로 바꾸는 비결을 배워야 한다. 스펙은 아무리 쌓아도 그 끝이 없다. 세상에는 나보다 더 좋은 스펙을 가진 사람들이 많기 때문이다. 무엇보다 남들이 가진 스펙을 한두 개 더 가져 봐야 구별이 되지 않는다. 학창시절 영단어, 참고서를 달달 외워 좋은 대학을 나와도 그 끝이 직장인이라는 것을 보면 알 수 있다.

그러나 자신이 가진 경험을 돈으로 바꾸는 비결을 배우면 남들과 경쟁하지 않고도 큰 수입을 올리며 즐

— 경험을 돈으로 바꾸는 첫 번째 비결은 책을 쓰는 일이다.

겁게 살 수 있다. 경험을 돈으로 바꾸는 비결은 대학교에서 받은 학위, 석·박사 학위보다 더 가치가 있다. 석·박사 학위를 가진 사람들 가운데 인생을 바꾸었다거나 성공했다는 사람은 보지 못했다. 그들이 학위를 딴 목적은 다른 사람들과의 스펙 경쟁에서 이기기 위해서이거나 더 나은 조건의 직장으로 이직하기 위해서이기 때문이다.

반면에 자신의 이름으로 된 책을 펴내고 강연하고 코칭하는 이들 가운데 사람들로부터 인정과 존경, 사랑을 받으며 더 크게 성공한 사람들은 헤아릴 수 없이 많다. 내가 9년간 한책협에서 배출한 작가, 코치, 컨설턴트, 1인 기업가들만 해도 1,000명이 된다. 그들은 책에 자신의 지식과 경험과 해결법을 담아서 사람들에게 전달해 주며 큰 수입을 올리고 있다.

나는 저서 《나는 직장에 다니면서 1인 창업을 시작했다》에서 내가 성공한 방법을 모두 공개했다. 내가 경험을 돈으로 바꾸는 비결은 다음과 같다.

첫째, 내 이름으로 된 책을 쓴다.

둘째, 네이버 카페를 만든다.

셋째, 성공자의 이미지 메이킹을 한다.

넷째, 책 제목을 주제로 강연을 한다.

다섯째, 외부 특강을 다닌다.

여섯째, 포털 사이트 카페에서 커뮤니티를 만들어 자체적으로 과정을 만든다.

일곱째, 나를 추종하는 사람들을 대상으로 코칭하고 컨설팅한다.

여덟째, 사람들에게 판매할 저가, 중가, 고가의 상품을 만든다.

아홉째, 꾸준히 책을 써서 세상에 대한 나의 영향력을 확대시킨다.

열째, 첫째에서 아홉째까지를 계속 반복한다.

이 방법으로 나는 한 달에 수억 원의 수입을 올리고 있다. 내가 알려 주는 10가지 비결은 평범한 사람들이 단기간에 성공하고 부를 창출하는 부의 추월차선이다. 이 비결로 단 몇 개월 만에 직장 월급의 몇 배를 벌게 되어 회사를 그만둔 사람들, 한 달에 1,000만~2,000만 원에서 수억 원의 수입을 올리고 있는 이들도 많다.

● 경험을 돈으로 바꾸는 첫 번째 비결은 책을 쓰는 일이다

이제 직장생활만 열심히 하는 것은 미덕이 아니다. 오히려 남이 만든 회사에서 노예처럼 일하느라 소중한 인생을 낭비하는 어리석은 일이다. 젊어서 아무리 열심히 일하고 충성해 봐야 언젠가는 끝이 오게 마련이다. 그 끝은 생각보다 일찍 찾아온다. 그나마 직장생활을 하며 밥벌이를 하고 있는 지금 당신이 갖고 있는 경험과 해결법을 돈으로 바꾸는 공부를 해야 한다. 당신의 경험과 해결법을 필요로 하는 사람들은 수없이 많다는 것을 기억해야 한다.

경험을 돈으로 바꾸는 첫 번째 비결은 책을 쓰는

일이다. 책을 써서 그들에게 당신의 스토리를 들려주면 된다. 그 책이 당신의 분신이 되어 당신을 홍보하고 마케팅해 줄 것이다.

17

예수님은
성공한
1인 창업가였다

예수님은
성공한 1인 창업가였다

마니아가 되면 히트 상품을 만들 수 있다.
예전에는 대중에서 생각해서 대중에게 판매했지만
지금은 마니아에서 생각해서 대중에게 파는 시대다.
_나카타니 아키히로

● 사람들에게 가치 있는 것을 공짜로 주지 마라

나의 롤 모델은 예수님이다. 나는 성경을 읽으며 예수님이야말로 진정한 1인 창업가였음을 깨달았다. 나는 예수님처럼 사람들의 인생을 바꿔 주고 구원해 주는 메신저로 살아야겠다는 결심을 했다. 예수님은 마태복음 6장 25절에서 보이지 않는 가치에 대해 이야기하신다.

"거룩한 것을 개에게 주지 말며 너희 진주를 돼지 앞에 던지지 말라. 그들이 그것을 밟고 돌이켜 너희를 찢어 상하게 할까 염려하라."

사람들에게 절대로 가치 있는 것을 공짜로 줘선 안 된다. 가치 없게 사람들에게 준다면 당장은 고마워할 것이다. 하지만 시간이 지나면 가치를 폄하하면서 공짜로 준 사람에 대한 험담을 하며 공격하게 된다. 돼지가 귀엽다고 해서 진주를 내어 준다면 진주의 가치를 모르는 돼지는 소중하게 여기기보다 똥 묻은 발굽으로 밟으며 망가뜨릴 뿐이다.

● 메신저는 보이지 않는 가치를 목숨처럼 지킨다

나는 메신저다. 메신저는 사람들에게 지식과 경험, 인생 스토리, 해결책을 파는 일을 하는 사람들을 말한다. 즉 코치, 컨설턴트, 1인 창업가를 뜻한다. 메신저는 보이지 않는 가치에 대한 확고한 철학과 신념이 있어야 한다. 인정에 이끌려 지식과 경험, 해결책을 헐값에 넘겨선 안 된다. 스스로 가치를 고가로 매겨 비싸게 받아야 한다. 내가 전달하는 스토리로 인해 상대방의 인생이 바뀐다는 것은 사실 돈으로 환산할 수 없는 것이기 때문이다. 이것이 예수님이 우리에게 전해 주신 '성공학 메시지'다.

예수님은 누가복음에서 한 사람에게 "나를 따르라."라고 말한다. 그러나 그는 예수님에게 "나로 먼저 가서 내 아버지를 장사하게 하옵소서."라며 우선순위가 아닌 일에 중요한 시간과 에너지를 쏟으려 한다. 이에 예수님은 비유를 들어 말한다.

"죽은 자들로 자기의 죽은 자들을 장사하게 하고 너는 가서 하나님의 나라를 전파하라."

이 말을 텍스트 그대로 받아들여선 안 된다. 예수님의 말씀에는 비유가 담겨 있다. 어떻게 뜻풀이를 하느냐에 따라 완전 다른 문장이 되어 버린다. 나는 이렇게 해석해서 읽는다.

"죽은 자들(복음을 전파하지 않는 사람들, 즉 과거에 갇혀 사는 사람들, 가족, 친척, 친구 등)로 자기의 죽은 자들(실행하지 않는 추상적인 소명, 꿈 등)을 장사하게(추상적인 것들을 땅 속에 묻게) 하고 너는 가서 하나님의 나라(의식 전환으로 누리게 되는 천국과 같은 삶)를 전파하라."

또 다른 사람은 예수님에게 "주여 내가 주를 따르겠나이다마는 나로 먼저 내 가족을 작별하게 하소서."라며 변명한다. 이에 예수님은 이렇게 일갈한다.

"손에 쟁기를 잡고 뒤를 돌아보는 자는 하나님의 나라에 합당하지 아니하니라."

예수님이 하신 말씀을 1인 창업가에 맞게 해석해 보자.

— 작가, 코치, 강연가, 컨설턴트, 즉 1인 창업가의 삶을 살기 위
해선 과거와 결별하고 앞만 보면서 꿈과 미래를 잡아야 한다.

"손에 쟁기(꿈과 목표)를 잡고 뒤를 돌아보는 자(과거의 인연, 직장에 연연하는 사람)는 하나님의 나라(꿈꾸는 미래)에 합당(그것을 받을 자격이 있는지 없는지 여부)하지 아니하니라."

성경의 문구들에 담겨 있는 뜻을 하나씩 제대로 풀어서 읽을 때 우리의 의식은 전환되고 깨달음을 얻게 된다. 작가, 코치, 강연가, 컨설턴트, 즉 1인 창업가의 삶을 살기 위해선 과거와 결별하고 앞만 보면서 꿈과 미래를 잡아야 한다. 나는 최초의 1인 창업가였던 예수님의 말씀을 가슴에 꼭꼭 새겨 두고 있다.

● 어떤 상황에서도 신념을 굳건하게 지켜라

예수님은 사람들의 의식을 바꿔 줌으로써 스스로를 구원하게 했다. 예수님은 보통 사람들과는 달리 자신이 이 땅에 왜 왔는지, 어떤 소명을 가지고 있는지 알고 있었다. 그래서 숱한 시련과 고초에도 '공생애' 활동을 멈추지 않았다. 어떤 상황에서도 자신의 신념이 흔들리는 법이 없었다. 나는 그 분의 모습을 통해 내가 어떤 자세로 사람들을 대하고 가르쳐야 하는지를 깨닫게 되었다.

예수님은 세례 요한이 체포된 후 갈릴리를 다니며 군중들에게 "때가 찼고 하나님의 나라가 가까이 왔으니 회개하고 복음을 믿으라."라고 설파했다.

예수님은 머지않아 자신이 십자가형으로 세상을 떠날 것임을 예감했다. 그리고 자신을 보좌해 줄 제자들을 뽑기 시작한다. 가장 먼저 갈릴리 해변 근처에서 시몬과 그 형제 안드레, 야고보와 요한을 만나게 된다. 그들에게 직설적으로 "나를 따라오라, 내가 너희를 사람을 낚는 어부로 만들어 주겠다."라고 확신을 심어 주었다. 예수님의 권위 있는 어조에 그들은 월급이나 처우 등 세적인 것에 대해 묻지 않고 곧장 그물을 버려두고 따라나섰다. 이렇게 해서 12명의 제자들을 선발한 것이다. 예수님은 그들의 외모나 스펙, 집안 배경을 보지 않고 오로지 마음, 믿음을 보고 택했다.

- 이득은 상대가 메신저의 조언을 듣고 실천함으로써 스스로
구해야 한다.

코치, 컨설턴트, 1인 창업가들은 보이지 않는 가치를 파는 사람들인 만큼 가치를 아는 사람들과 그렇지 않은 사람들을 구분할 줄 아는 심신을 가져야 한다. 메신저들이 기억해야 할 것은 당장 상대에게서 이득을 취하기 위해 감언이설하지 말아야 한다는 것이다. 이득은 상대가 메신저의 조언을 듣고 실천함으로써 스스로 구해야 한다. 자신이 가지고 있는 것들에 대한 가치를 절대 훼손시켜선 안 된다.

18

책을 써서
대중에
'나'를 알려라

책을 써서 대중에
'나'를 알려라

세상 모든 일은 당신이 무엇을 생각하느냐에 따라 일어난다.
_오프라 윈프리

● **당신은 크게 성공한 사람입니까,**

평범한 사람입니까?

평범한 사람이라면 만사 제치고 자신의 이름으로
된 책부터 펴내야 한다. 책 속에서 자신의 지식과 경
험, 해결법, 깨달음을 담아야 한다. 책은 세상을 돌아
다니며 나를 홍보하고 세일즈한다. 내가 사람들과 식
사를 하거나 수다를 떨거나 여행을 하거나 잠을 잘
때도 쉬지 않고 나를 알린다. 사람들이 나를 찾아와

비용을 치르고 조언을 구하게 된다. 모든 것을 차치하고서 책부터 써내야 하는 이유다.

요즘 주위에 대학원에서 석·박사 과정에 있는 직장인들을 어렵잖게 볼 수 있다. 그들에게 왜 석사, 박사를 하려고 하느냐고 물어보면 돌아오는 대답은 한결같다.

"많은 사람들이 자기계발을 하기에 저도 뭐라도 해야 할 것 같아서요. 그런데 무얼 해야 할지 몰라서 대학원에 오게 되었습니다."

"직장을 그만둘 때를 생각해서 미리 학위라도 따놓는 게 낫지 않나 해서요."

다들 이런 식이다. 그저 남들이 대학원에 가니까 나도 간다는 식으로, 현실이 불안하고 미래가 마마해서 지푸라기 잡는 심정으로 석·박사 과정을 시작한다. 과연 이렇게 하는 공부가 제대로 될까? 대학원을 나온다고 해서 현실이 얼마나 달라질까?

장담컨대 대학원을 다니지 않았을 때나 나왔을 때나 별반 차이가 없을 것이다. 왜냐하면 지금 현실이 암울한 본질적인 원인을 모르기 때문이다. 지금 현실이 암울한 근본적인 이유는 스펙 인생을 살아왔기 때문이다. 학창시절부터 남들과 피나는 스펙 경쟁을 한 탓이다. 아무리 스펙을 쌓아도 스펙 경쟁에서 이길 수 없다. 나보다 스펙이 더 뛰어난 사람들이 헤아릴 수 없이 많기 때문이다. 스펙 인생의 끝은 불안과 두려움으로 가득 찬 노후다.

● 사람들이 책을 쓰는 이유

이젠 스펙 경쟁이 예전과 같지 않다. 내 이름으로 된 책쓰기가 대세다. 학생, 주부, 직장인들이 보다 나은 미래를 만들기 위해 자신의 이름으로 된 책을 쓰기 위해 노력하고 있다. 그들이 책을 쓰는 이유는 독자로 남으면 인생이 달라지지 않지만 저자가 되면 인생이 달라진다는 것을 잘 알고 있기 때문이다.

책을 쓰면 다음과 같은 10가지 좋은 점이 있다.

첫째, 나의 과거가 정리된다.

둘째, 나 자신에 대해 자세하게 알게 된다.

셋째, 가슴 뛰는 꿈이 생긴다.

넷째, 미래가 뚜렷하게 보인다.

다섯째, 인생에 끌려가기보다 인생을 리드한다.

여섯째, 가족과 주위 사람들에게 인정받는다.

일곱째, 사람들에게 "작가님!", "작가 선생님!" 등의 칭호를 듣는다.

여덟째, 작가를 넘어 코치, 강연가, 1인 창업가를 꿈꾸게 된다.

아홉째, 세상에 나를 알릴 수 있다.

열째, 자녀들에게 지식과 경험, 지혜를 유산으로 물려줄 수 있다.

내가 보기에 평범한 사람들이 성공하는 비결 가운데 가장 쉬운 것은 책을 쓰는 것이다. 책을 쓰게 되면 대중들에게 지금 하고 있는 일에 대해 전문가로 인정

— 평범한 사람들이 성공하는 비결 가운데 가장 쉬운 것은 책
을 쓰는 것이다.

받게 된다. 대중들은 '이 저자는 책을 쓸 정도의 지식
과 경험을 갖췄으니 무언가 대단한 내공이 있을 것'이
라고 판단하고 신뢰하게 된다. 그래서 1인 기업가들이
나 전문 강사들을 보면 하나같이 몇 권의 저서를 갖
고 있다. 책쓰기야말로 자기계발의 종결자다. 하지만
이 말은 소수의 사람들에게만 가 닿을 뿐 다수의 사

람들은 한쪽 귀로 흘려버린다.

왜 그럴까? 책은 아무나 쓸 수 없다고 착각하기 때문이다. 사실 책은 아무나 쓸 수 있다. 한글만 읽고 쓸 줄 안다면 써낼 수 있다. 제대로 된 코치를 만나 책쓰기 비법을 배운다면 단 몇 개월 만에 책을 써내게 된다. 많은 사람들이 한책협을 찾아오는 이유가 이 때문이다. 책쓰기 과정을 통해 단기간에 작가, 강연가, 코치가 되기 때문이다.

책을 쓰면 그 분야의 전문가가 된다. 한 권의 책을 쓰기 위해선 수십 권의 책과 신문, 잡지 등을 읽으며 공부해야 한다. 각 꼭지에 들어갈 사례를 찾기 위해 시간과 노력을 쏟아야 한다. 책을 쓰기 전 얕은 지식과 정보를 가진 사람도 책 한 권을 쓰고 나면 그 분야에 대해 해박한 지식과 정보를 갖추게 되는 이유다. 책을 쓰면 독서에서는 기대할 수 없는 깊이 있는 공부를 하게 되기 때문이다.

● 책을 써서 '나'를 세상에 알려야 한다

나는 박사 학위를 따는 데 비싼 돈과 시간, 노력을 들이지 말라고 말하고 싶다. 박사 학위가 인생 2막을 보장해 주지 않기 때문이다. 오히려 박사 과정에 쏟은 돈과 시간, 노력으로 인해 제대로 인생 2막을 준비할 시간을 놓치게 된다. 사실 이보다 더 불행한 것은 없다. 시간은 그 어떤 것으로도 보상이 안 되기 때문이다.

당신은 지금보다 더 나은 인생, 눈부신 인생을 갈망한다. 그렇다면 지금부터 그런 인생을 만들기 위한 초석을 다져야 한다. 그 초석을 다지는 일은 책쓰기에서 시작된다. 책을 써서 '나'를 세상에 알려야 한다. 세상이 나를 알아줄 때 여러 가지 기회들이 다가온다. 만사 제치고 자신의 이름으로 된 책부터 써내야 한다는 것을 기억하라.

영혼은 하나님과 만나는 문이다

—— 김도사

상상력은 의지보다 더 힘이 세다.

땅바닥에 폭이 삼십 센티미터쯤 되고

길이가 십 미터쯤 되는 널빤지가 놓여 있다면

누구나 이 널빤지를 건널 수 있다.

그러나 널빤지가 벼랑과 벼랑 사이에 있다면?

선뜻 건너려는 사람은 없을 것이다.

이 모든 일은 상상 때문에 일어난다.

벼랑 사이에 떠 있는 널빤지를 보며

결코 '건널 수 없다'고 생각한다.

자연히 벼랑 아래로 떨어지는 상상을 하게 된다.

한계는 부정적인 상상에서 비롯된다.

많은 이들이 성공하는 인생을 살 수 있음에도 불구하고

늘 제자리걸음 인생을 사는 이유이다.

상상력은 '영적인 삽사'으로 하나님이 주신

최고의 마법 도구이다.

잠재의식은 상상력을 통한

영혼이 하나님과 만나는 문이라고 할 수 있다.

우리가 잠을 잘 때 의식 기능은 정지하는데.

이때 잠재의식이 활발해지게 된다.

그리하여 영혼은 자유로이 우주를 여행하게 된다.

영혼이 우주를 여행하면서

우주에 가득 차 있는 영감과 아이디어를 끌어온다.

우리가 어떤 것을 갈망하거나 고민거리로 고심할 때

잠을 자고 난 후 해결책이 떠오르는 것이 이 때문이다.

잠재의식에다 꿈을 각인시키기 위해 노력하라.

잠재의식에다 꿈을 아로새기는 것은

우주에다 강력하게 내 꿈을 선포하는 것과 같다.

이때부터 우주는 내 꿈을 실현시키기 위해

분주하게 움직이기 시작한다.

우주는 내 꿈을 실현시키기 위해

때로 기적 같은 사건을 일으키기도 한다.

상상력과 잠재의식을 제대로 활용하면

보다 쉽게 꿈을 이룰 수 있다.

자본 없이 콘텐츠로 150억 번
1인창업 고수의 성공 비법

초판 1쇄 인쇄 2020년 7월 17일
초판 1쇄 발행 2020년 7월 23일

지 은 이 **구세주 김도사**
펴 낸 이 **권동희**
펴 낸 곳 **위닝북스**
기   획 **구세주 김도사**
책임편집 **김진주**
디 자 인 **김하늘**
마 케 팅 **포민정**

출판등록 제312-2012-000040호
주   소 경기도 성남시 분당구 백현로 97 다운타운빌딩 2층 201호
전   화 070-4024-7286
이 메 일 no1_winningbooks@naver.com
홈페이지 www.wbooks.co.kr

ⓒ위닝북스(저자와 맺은 특약에 따라 검인을 생략합니다)
ISBN 979-11-6415-064-9 (03190)

이 도서의 국립중앙도서관 출판도서목록(CIP)은 서지정보유통지원시스템
홈페이지(http://seoji.nl.go.kr)와 국가자료공동목록시스템(http://www.nl.go.
kr/kolisnet)에서 이용하실 수 있습니다.(CIP제어번호: CIP2020028674)

위닝북스는 독자 여러분의 책에 관한 아이디어와 원고 투고를 설레는
마음으로 기다리고 있습니다. 책으로 엮기를 원하는 아이디어가 있으신 분은
이메일 no1_winningbooks@naver.com으로 간단한 개요와 취지, 연락
처 등을 보내주세요. 망설이지 말고 문을 두드리세요. 꿈이 이루어집니다.

※ 책값은 뒤표지에 있습니다.
※ 잘못 만들어진 책은 구입하신 서점에서 교환해 드립니다.